Jazz for Management

ジャズから学ぶクリエイティブ・マネジメントの鍵

李 炳夏

博英社

名残り惜しいことがあるとすれば…

仕事、絶え間ない研究、努力によって私
自身の存在を開花させること、芸術にお
いて、より良きもの、稀なもの、目に見
えぬものを追い求めること…

ギュスターヴ・モローの「遺書」から

コンテンツ

はじめに
「趣味経：趣味の経営学」をめざして

この本は、元々音楽好きのビジネスマンに捧げたいという気持ちで書き始めたものである。もう十数年も前のことだが、筆者自身が会社員として働きながら仕事を楽しめる方法を探しているうちに、趣味の世界から経営のことを考えるようになったからである。その後、いろいろと事情があって執筆がなかなか進まないまま大学教員になり、今度は、学生たちに経営学の勉強をより楽しんでもらいたいという気持ちになった。最初は、学生それぞれの趣味に合わせてゼミ活動を進めようとしたが、なかなか上手くいかず、結局のところ、筆者自身の趣味であるジャズ音楽を題材にして経営学を考えていくことにしたのである。というわけで、この本は、基本的に筆者のゼミ生向け「テキスト」として書かれたものであるが、ジャズ音楽に興味のあるビジネスマンにも読んでもらえたら幸いである。

　産業社会に、かの「テイラーリズム」が登場してもう 100 年以上が経った。周知のようにテイラーリズムは、ルーティン作業の領域を超えたホワイトカラーの仕事にはあまり向いていない。そろそろ新しいパラダイムが登場してもおかしくないと思われる所以である。「第 4 次産業革命」であるといわれるほど IoT や AI などで大きく変わっていくと予想されるこれからの時代には、ジャズと経営のような異種混合の考え方が必要であるような気はする。極一部分に過ぎないかもしれないが、世界で一番創造的な音楽であると言われるジャズの世界に、これからのマネジメントのヒントがあるような気が

してやまない。

　「経営学は雑学である」と、よく聞いた記憶がある。実際に、経営学で扱っている理論の多くは他の学問領域から借りてきたものであり、経営学独自の研究方法論が確立されていないといわれていることから一見納得せざるを得ない話である。しかし、経営学が研究対象としている「企業」は、事実上「社会の縮図」ともいえる存在であり、企業の成功には人間と組織社会のあらゆる要素が絡んでいることも事実なので、経営学は実践的な総合学問であるとも言えるだろう。問題は、企業経営が「何でもある世界」だといった場合、経営学を勉強しようとしても一体どこから始めたほうがいいのかよくわからなくなることである。そこで、これから経営学のことを真剣に考えてみようとする方々にまずお勧めしたいのは、自分の「趣味」や「好きなこと」を切り口に経営学の世界に入ってみることである。

　研究とは「芋ずる式」でやるものだとよく言われている。一つのキーワードが見つかったらそれに関連する概念を次々と掘り出すことを意味する話である。偶然聴いた歌が好きになってその曲のタイトルや歌手を調べ、その歌手の他の曲の音源を探して聴く、というような行動はまさに研究活動そのものである。実際に、自分の好きなことを切り口にして勉強をしていくことには幾つかの大きなメリットがある。

■ 仕事(勉強)を楽しむ

大昔、中国の賢人である孔子は『論語』のなかに次のような名言を残した。"知之者不如好之者、好之者不如楽之者"(これを知る者はこれを好む者に如かず、これを好む者はこれを楽しむ者に如かず)。言い換えると「知識人」は「遊び人(楽しむ人)」にかなわない、及ばないという話である。趣味の世界であれば自らどんどん沢山のことを知りたくなるだろうし、その過程を楽しむこともできるだろう。

現代社会を生きる多くの人々は否応なしに「賃労働 = 賃金を対価にして行われる労働」という状況に置かれている。お金を稼ぐために生きているのか、生きるためにお金を稼いでいるのかよくわからない時代になったような気がするくらいである。筆者の前職(会社)の同僚から「給料は自分の仕事をする苦痛に対する対価だ」という話を聞いてがっかりしたことがある。もちろん一理ある話だが、それだけだと企業で働く自分自身があまりにも惨めな存在であるように思われたからである。苦痛ではなく、自分が努力して出した成果に対する報奨だと考えたらどうだろう。それも好きなことを楽しみながら出した成果であれば何よりである。同じく、自分の好きな物事に関連する様々な情報、関連ビジネス・産業や成功事例などを調べながら、それに関連する経営学の諸理論を整理してみることは、仕事や勉強が苦痛にならない一つの方法にもなるのではないだろうか。

■ 時間使用の質を高める

　「相対性理論」の生みの親であるアルベルト・アインシュタインは、"熱い暖炉の上に座っている1分間は1時間のように感じるだろうが、美人と一緒にいる1時間は1分のように感じるはず"という話を残した。相対性って、そんなもんかなと思ったことがあったが、ともあれ、我々は何かに夢中になると時間の流れを忘れてしまう傾向があるのは確かである。好きな漫画や映画をみながら徹夜した経験のある人なら誰でも感じたことがあるだろう。

　企業でも社員たちが仕事に没頭すれば当然その成果も違ってくる。仕事に集中しているときに電話などで邪魔されたら元の集中状態に戻るには相当の時間がかかるということで、「集中勤務時間帯」を設定し、その時間には電話も会議もしないように定めている会社もある。しかし、大事なのはそのような人為的な集中より自発的な没入（コミットメント）の方である。趣味の世界では、そういう状態を自然に経験できるので、趣味を持っている、好きなことがあるということは、自発的な没入時間を増やす効果もある。1日24時間、誰にも同じ量の時間が与えられている状況のなか、集中時間、没入時間が増えるということは、時間使用の質を高めることにつながり、人生がより豊かになる可能性が高い。

　大量生産・大量消費、ベルトコンベヤーなどに象徴されるブルーカラー時代の20世紀とは違って、21世紀は、「労働時間 ＝ 生産量」が成立しないホワイトカラーの時代である。

したがって、何時間働いたかという「時間の使用量」より、どれくらい集中して仕事をしたのかという「時間使用の質」が問われるのは時代的な要請でもある。

■ 意思決定の醍醐味を味わう

人生も経営も選択の連続である。様々な選択肢のなかで一つを選択する意思決定行動は一見複雑にみえるが、実際には、意思決定をめぐる環境や制約条件が複雑なだけである。ノーベル賞を受賞したハーバート・サイモンは、我々の選択行動に関連して、「限定合理性（bounded rationality）」という優れた概念を提示した。我々人間は、経済学で考えるような完全合理的な存在ではなく、意思決定を行うときに知識や計算能力の限界の影響を受ける不完全な存在であるという。

この限定合理性の世界は、制約された条件のもとで選択可能な幾つかの選択肢のなかから一番満足できるものを選択するという、いわゆる「満足化（Satisfice）基準」が働く世界でもある。満足化基準と関連してサイモンが提示したわかりやすい説明が「蟻のメタファー（隠喩）」として知られているものである。巣に向かって海岸を歩く一匹の蟻の歩いた軌跡はジグザグとしていて一見複雑な行動をしているようにみえるが、それは、蟻自身の複雑さではなく、自分の巣に戻る過程で障害物になっている地形環境が複雑なだけで、人間の行動も同じだということである。つまり、人間は一見複雑な

思考や行動をしているようにみえるが、決して一貫した合理的な行動をとっているのではなく、蟻のように目の前の障壁を回避しようとする本能的な反応や限定された短期的な状況判断で動いているのである。人間は「考える力」があるので、蟻と同じ扱いにされたら困るという考え方もあるだろうが、多くの場合、サイモンに反論できない状況ではないだろうか。

　企業での仕事は選択の連続であり、いつも限られている足りない情報をベースに、厳しい選択に迫られる限定合理性の世界そのものである。企業の世界だけではなく、研究も、趣味の世界も同じである。自分の部屋でいい音質で好きな音楽を聴きたいと思ってオーディオの世界に嵌った人は、限られた予算と情報の中で、満足できるオーディオ機器を選択しようと一所懸命に努力するはずである。何かを選択するという行動は選択されなかったものを捨てるという意味もあり、日常生活でそういった部分を意識的に行うことは経営意思決定の良き訓練にもなる。

　筆者の知り合いに写真を趣味としている人がいる。彼は長年、世界一周の写真撮影旅行を夢見ていたが、その夢を実現させるためには多くの障壁があった。そのなかでも一番大きな障壁は、写真に興味のない奥さんと一緒に旅行することだったという。専業主婦の奥さんから2〜3ヶ月の長期留守をする意思決定を引き出すことも大変だが、なにより、旅行先で自分が写真撮影に夢中になっているうちに写真に興味のない奥さんがイライラする状況を想像するだけで頭が痛くな

ったのである。それで、彼がとった行動は、奥さんを写真の世界に入門させることであった。綺麗な景色や意味のある場面に出会ったときに奥さんに写真を撮ってもらってその出来ばえを称賛したり、自分が撮った写真に対する奥さんの意見を求めたりして3年、やっと奥さんから写真を専門的に学びたいという話が出たので飛ぶように嬉しかったという。結局その夫婦は、仲良く中央アジアからヨーロッパまで70日を超える写真撮影旅行に行ってきた。この話は、人間が目的意識や夢を持つと、蟻とは違う人間らしい行動の選択もできるという良いケースではないだろうか。

　障害や問題解決に関連しては、知識や知恵のレベルという、もう一つの次元がある。「上には上がある」という表現が象徴しているように、あるレベル以上の人は、目の前にある大きな障壁にも隙間があることを察知し、まるで障壁がそこになかったように行動できるのである。高く飛んでいる鳥が遠く見るという話と同じ脈絡である。何でも関心を持ち始めると、より詳しくわかりたくなるだろうし、わかるようになったらその時に見えてくるのは以前のものとは違う世界になるはずである。

　一つ、注意してもらいたいのは、その意思決定（選択）の必要な状況がどれくらい厳しいかによって選択の質が変わるということである。企業が危機に陥ったとき、あるいは好きなものが切実にほしいときの選択は、参考にする情報も、それをベースにした意思決定も当然違ってくる。

ということで、わざと危機状況を設定し、社員たちに頑張ってもらう仕掛けをする企業もある。キャッチアップ、あるいは、誰より一歩先に何かを勝ち取るためには、「努力の強度」や「スピード」を一段とアップさせる方法しかない。自ら厳しい選択が必要な切実な状況を作り出してみることは、その近道であり、意思決定の醍醐味を楽しむことでもある。

初代歌川広重（1857）「名所江戸百景　深川洲崎十万坪」
：筆者に「上には上がある」ことを実感させた浮世絵

■ 趣味の世界から考える経営・経営学

　以上でみてきたようなメリットを意識しながら趣味の世界から経営や経営学を考えてみようとしても、まだ、どうすればいいのかよくわからないかもしれない。ここで、「趣味経」の王道にはならないかもしれないが、筆者の個人的な実体験をベースに本書の執筆に至るまでのプロセスについて少し述べておきたい。

　筆者の故郷は韓国の田舎の中でも田舎で、中学校２年生になるまでに電気も入らなかった地域である。音楽室もない田舎の小学校や中学校で音楽教育がまともに行われるわけがなく、高校では大学入試準備を理由に音楽教育は疎かにされていた。環境のせいにする気はないが、筆者の学生時代には音楽のことを真面目に考えてみるきっかけがなかったのである。ということで、非常に残念ながら筆者はいまだに「第４の言語」とも言える楽譜を読めない、中途半端な音楽愛好家にとどまっている。あの丸山眞男先生のようにオーケストラ・スコアまで読めたら、筆者の人生はどんなに豊かになったのだろう。

　ともあれ、筆者が本書の題材であるジャズ音楽に嵌ったのは、ずいぶん近頃のことである。1980年代半ばごろ会社に入ってからは主にポップやハード・ロックが仕事からの逃げ道であったが、1998年度の留学生時代に研究室のBGM（Back Ground Music）としてクラシック音楽に惹かれた経緯がある。その後、東京でサムスン電子の駐在員として生活してい

た 2004 年度末に、CD 屋で偶然手に取った「ジャズ・バー」シリーズが筆者の音楽鑑賞人生を大きく変えてしまったのである。寺島靖国氏がプロデュースしたそのシリーズには、オムニバス形式で様々な名曲が紹介されていた。2004 年度版のCD には、「It's a Lonesome Old Town」というピアノトリオのインストルメンタル曲が入っていたが、クラシック音楽とは一味違ったジャズ・ピアノ・トリオ演奏を聴いているうちにいつの間にかジャズ音楽の虜になってしまったのである。もちろんその前にもジャズを全然聴いてなかったわけではないが、本格的に勉強しながら聴きたい気持ちになったのは、そのときからである。

　筆者はジャズ評論家ではなく、ジャズを趣味としているだけなので、ジャズの世界を経営現場での経験や経営学の世界に照らしていろいろと考えてみることにした。その結果物をまとめて、最初にジャズの誕生物語をダイバーシティ問題に結び付けてエッセイみたいなものを書いてみた。それをメールで友人に送って読んでもらったことがこの本の始まりである。

　趣味の世界から経営を考えるということは、決して難しいことではなく、自分の好きなことを楽しんでいく過程で自然に深まっていく勉強のプロセスである。もちろん、趣味の世界が経営にだけ応用できるとは思えない。多かれ少なかれ、あらゆる趣味の世界と自分の専門分野との間には、何らかの接点はあるはずである。

この本の内容は、ジャズ愛好家として筆者の専門分野である人事・組織関連の話にフォーカスがあり、ジャズや経営・経営学の全ての分野をタッチしたものではない。具体的には、経営戦略、戦略実行のための組織化と人事マネジメント、個人のモチベーションとリーダーシップによる組織力マネジメントにおける様々な課題がジャズとの関係性で語られている。おまけとして、経営の現場でも意見が極端に分かれることの多い幾つかのテーマに関しては「マネジメント・フォーカス」という別枠で簡単に論点を整理してみた。また、筆者の好きなジャズ音楽を14曲選んで、「ジャズ・スペシャル」という別枠で筆者なりの解説を入れてみた。実際にジャズ音楽を聴きながらジャズと経営の接点を楽しんでもらいたい。最後に、本文のなかには筆者のちっぽけな私的体験も散見されるだろうが、それもささやかな寄り道として考えて頂きたい。

第1章

ジャズと経営

■ 21世紀型経営課題とクリエイティブ・マネジメント[1]

　企業の経営者や従業員は、経営環境に合わせて事業内容や自分の役割を適応させていかなければならない。現在の企業は、過去に経験したことのない早い変化の波に乗っており、それに伴う様々な挑戦（課題）と、その対応に奔走する状況にある。特に、グローバル化、ソーシャルビジネスとAI（人工知能）の進化、持続可能性（Sustainability）などの問題は、一企業としては避けては通れない大きな挑戦になっている。

　まず、グローバル化の問題は、ITの進化により、単なるレトリックの問題ではなく、実質的な経営懸案課題になっている。インターネットで繋がっている今の世界では、市場、技術、企業組織が密接に連携され、企業は、地理（空間）的、時間的制約から解放されている。「いつでもどこでも」ビジネスが可能であるという現実は、企業活動の自由度を大きく向上させた。しかし、その一方で、グローバル規模の競争激化、グローバル・ダイバーシティ（多様性）のマネジメント問題など、今までとはレベルの違う新たな経営課題も生み出しているのも事実である。特に、新型ウィルス（コロナ19）問題

1　一応研究者の身分である筆者としては「クリエイティブ・マネジメント」という、語法にも合わないような正体不明のよくわからない言葉を使うことに少し抵抗感がある。ここでは深く考えず、世の中に流されている「創造経済」、「創造経営」などのように、創造や創造性に関連するマネジメントという、漠然とした意味として受け入れてほしい。

による国境閉鎖の影響と人々の間で社会的に距離を置こうとする動きは、今後のビジネス活動や働き方の形を全く新しい次元に導く可能性が高い。

　次に、ソーシャルビジネスとAIの進化問題は、企業のこれからを考える上で、より深刻な挑戦である。いわゆる「デジタル革命」は、我々の日常的な生活だけではなく、企業のあり方を大きく変えつつある。「第4次産業革命」とも言われている「IoT、ビックデータ、AI」などの技術革新の影響は、単純に情報の探索やアイデア共有の方式に留まらない。仕事のオペレーション、管理方式、従業員の働き方などをすべて変えてしまう可能性が高い。また、もはやSNSと称されるソーシャルメディアプログラムを利用しない企業経営は考えられない。さらに、ソーシャルメディア上にあるビックデータの活用やAIの登場により、企業は、事業の命運を分ける様々な選択に迫られている。次々と誕生する新たなビジネスモデルの波に乗るか乗らないか、AIで代替不可能な領域の仕事や、それを担当する人・組織を如何にマネジメントするかなど、スピーディーな反応が必要になっているのである。

　最後に、持続可能性の問題は、環境と倫理的な側面から浮上された課題である。環境が保護されないと人類が生き残れない危険性（リスク）があることと同じく、企業生態系の維持のためにもそれぞれの企業はコンプライアンスなどに注意を払わないといけない時代になったのである。勿論、持続可能性の問題は、企業の社会的責任の話に留まらない。内部

リソース確保の側面からも 100 年、200 年企業になるための様々な工夫が必要になる。

　以上のような 21 世紀型経営課題に企業はどのように対応していけばいいのだろうか。様々な議論がありそうだが、結局は「創造経営」の一言に収斂するだろう。十数年前からビジネスマンの間でよく使われるようになった創造経営という言葉自体は、明確に定義されたものではない。20 世紀の終わりごろからハーバード・ビジネス・スクールを中心に「ビジネスにおける創意性」に関する議論が拡散され、21 世紀に入ってから幾つかの企業が「創造経営」を標榜したことはあるが、その具体的な内容はバラバラで謎のままである。ともあれ、この創造経営に関連する話を耳にする度に気になるのは、人文学や芸術の世界である。ビジネスの世界ではなく、人類の創造的な文化遺産のなかに何か創造経営へのヒントがあるのではないかという気持ちになったのである。過度な飛躍かもしれないが、ついに、筆者は 1 世紀前に生まれたジャズ音楽の世界に、21 世紀型経営課題を解決していくための多くのヒントが潜められていることに気づいたのである。

■ 無限大の経営手段と人間能力の限界

　社会主義国家中国に市場経済システムを入れたことで有名な鄧小平（ドン・シャオピン、1904 〜 1997）の逸話に、「白猫黒猫論」というものがある。ある会場で彼が「茶色（黄色）

の猫でも黒い猫でも、鼠を捕る猫が良い猫だ」と述べたことから由来した話だが、あくまでも手段は手段であり、目的を忘れてはいけないということを示した卓越したメタファーである。企業は目的達成のため様々な手段を駆使するが、その手段は白猫でも黒猫でも構わないわけである。もちろん合法的で、一般社会の倫理や道徳に反しない範囲内であることが大前提になるが、要するに、経営の現場では何でも活用できるということである。20世紀の大量生産・大量消費社会を築いたと言われているフォード自動車のベルトコンベヤーシステムも、実は屠殺した豚や牛の足をコンベヤーで吊るす精肉工場から得たアイデアであるという話は有名である。今風にいうと「異業種ベンチマーク」のことである。

　一方、サイモンのいう「限定合理性」が作動する世界である経営の現場では、情報そのものの限界や当事者の認識能力の限界など、物理的、人間的に制約がある状況のなかで、意思決定をしていかなければならない。要するに、ある問題に対して企業は、様々な制約条件の中で、次善策、あるいは最善と考えられる（満足できる）手を打つしか方法がないのである。制約条件のなかで意思決定を下す人間の知的能力の限界に関して有名なエピソードがある。放射能の研究でノーベル賞を受賞したマリ・キュリー (Marie Curie) 夫人（1867～1934）は、その放射能が「α、β、γ」の3つの要素で構成されたエナジーであることを知らなかったため、「人間の肉体はエナジーを必要とするから放射能から出るエナジーを体が

吸収すると健康に良いはずだ」という漠然とした考えで、上着のポケットに少量の「ラジウム²」を入れて生活した結果、癌で死亡したと知られている。当時の知識レベルでは放射能が人体の細胞を破壊し、癌を誘発する力があることは把握できなかったのである。

　経営の現場では、なるべくこのようなリスクを避けるために様々な分野から知識・知恵を借りる形で手段（道具）を拡張させ、上手く活用してきた。したがって、経営学と同じくらいの歴史を持つジャズにも、ベンチマークのポイントは沢山あるはずである。特に、存在感のない酒場の BGM から出発して、芸術音楽にまで発展したジャズの歴史のなかには、現代の経営に参考になる多くの示唆点が潜められていると考えられる。

■ 制約条件克服の歴史、ジャズ

　様々な制約条件のなかで素早く意思決定を行わざるを得ない経営の現場と同じく、ジャズ音楽の大きな特徴と言われている即興演奏スタイルも多くの制約条件を乗り越えて発展してきた。ニューオーリンズ時代の初期ジャズの場合、町の中を行進しながら演奏するという状況のなかで、現在のジャズ・シーンで大活躍しているピアノやドラムセットなどは居

---

2 1898 年、マリ・キュリー夫妻によって発見された放射性物質

場所がなかった。テーマ・メロディーを演奏するコルネット（トランペットに似ている金管楽器）にあわせて、他の手持ちの楽器群が調和を保ちながら演奏するというスタイルの「対位法³」的な「集団的即興演奏⁴」が主流だったのである。このような状況を克服し、個人の個性を活かせたソリスト（Soloist）としての即興演奏スタイルを確立させたのが、ルイ・アームストロング (1901 ～ 1971、トランペット奏者兼ヴォーカル) である。

　時期的に多少のズレはあるが、ジャズ音楽の立役者ルイ・アームストロングと、経営学の立役者フレデリック・テイラー（1856 ～ 1915）が同時代を生きていたことは、単なる歴史的偶然であったのだろうか。

---

3 西洋音楽の作曲手法で、テーマ・メロディー（主旋律）に他のメロディーを結びつける方法。

4 個人演奏者の個性よりは集団（バンド）の調和を重視するという意味で戦後ジャズの集団即興（インタープレイ）とは本質的に異なる。

オリジナル・ディキシーランド・ジャズ・バンド
1917年、ジャズ音楽初のレコーディングで有名

記録上では、「テイラーリズム」のバイブル『科学的管理論』が出版されたのが1911年、初めてのジャズ・レコードだと言われているものが出たのは1917年になっている。残念ながら世界最初のジャズ・レコードは、ODJB（Original Dixieland Jazz Band）という、当時黒人たちの音楽に興味を持っていた白人ミュージシャン・グループによるもので、ルイ・アームストロングのものではない。

　ルイ・アームストロングがシカゴに移り、初レコーディングを行ったのは1923年、それまでのジャズとは一線を画した「スキャット[5]」入りのレコーディングを行ったのは1926年なので、テイラーとアームストロングの活動舞台には十数年以上の時差があると考えられる。100年前にテイラーが近代的な学問として経営学の土台を作ったことと同じく、アームストロングは一つの音楽ジャンルとしてジャズの形成に大きく貢献したのである。参考までに、ジャズ音楽の表現法（スタイル）と、そのおおよその隆盛期を年代順にあげるとよくある例は次のようになる（Szwed、2000）。

初期ジャズ（ニューオーリンズジャズ）　1910 〜 27 年
スウィング　　　　　　　　　　　　　　1928 〜 45 年
ビバップ（バップ）　　　　　　　　　　1945 〜 53 年

5　ジャズ・ヴォーカルで、「ドゥビドゥバ…」など、意味のない音でメロディーを即興的に歌うこと。

クールジャズ／ウェストコーストジャズ 1949 ～ 58 年
ハードバップ　　　　　　　　　　　 1954 ～ 65 年
ソウル／ファンク（ファンキー）ジャズ 1957 ～ 59 年
モーダル（モード）ジャズ　　　　　　 1958 ～ 64 年
フリージャズ　　　　　　　　　　　　 1959 ～ 74 年
ヒュージョンとジャズロック　　　　　 1969 ～ 79 年

　1930 年代の所謂「スウィング（Swing）」時代には大編成のビック・バンドが流行ったので、多くのミュージシャンたちによる演奏の調和を保つための編曲が重視された。かくして、この時代には演奏家個人の即興演奏がある程度制約されることになる。この制約状況を打破したのは、後ほど「ビバップ（BeBop）」時代を開いたと称されるチャーリー・パーカー（1920 ～ 1955、アルト・サックス奏者）である。

　スウィング時代のソリスト即興演奏の衰退の背景には当時の科学技術的な限界もあったと考えられる。当時のレコーディング媒体は「SP 盤」であったが、それには片面約 3 分程度の曲しか入らず、ソリストに即興演奏をさせる余裕がなかったわけである。チャーリー・パーカーはこのような制約状況を「スピード」で解決した。当時のチャーリー・パーカーの革新的な演奏スタイルをそのスピードだけで片付けることには無理があるが、なによりその早いスピードが目立つのも事実である。つまり、チャーリー・パーカーは、想像を絶する物凄いスピードで演奏するいわゆる「超絶技巧」を磨いて、

演奏時間の限界という制約条件を乗り越えたのである。しかし、チャーリー・パーカーのような演奏は誰でも真似できるわけでもないし、そもそもビバップは、後ほど詳しくみていくことになるが、ミュージシャンの自己満足性の強い音楽だったので、一般の人には相当難しく聴こえ、結果的にはジャズ音楽の聴衆離れの原因にもなる。

　1947年、コロムビア・レコード社によって量産化された「LP盤」が普及し、演奏時間の制約もなくなるが、まだ、ジャズ・ミュージシャンたちには、チャーリー・パーカーのような猛烈なスピードの「ホット（Hot）・ジャズ」という呪縛が残っていた。チャーリー・パーカーのような天才ミュージシャンのみできるという制約状況について、演奏のスピードより、調和を保つ全体的なストーリー性や真の集団即興ともいえる「インタープレイ」によって乗り越えたのが、「クール」、「ハードバップ」になったわけである。ビバップ時代以降のジャズ音楽におけるこのような「スピード」の問題は、企業経営の歴史にも当てはまる側面がある。

■ スピードで紐解く経営史とジャズ

　目まぐるしく変化するグローバル・ビジネス環境のなかで、「マネジメントのスピード」に注目するようになるのは自然な流れだろうが、最近、「スピードにも種類がある」という指摘（カンウラン、2017）をみて感心したことがある。時代

とビジネス環境によって企業の必要なスピードの定義が違う
という話で、歴史的にみると概ね 3 つの段階があるという。

　まず、経営の世界で最初に注目されたスピードは、「オペ
レーション・スピード」である。つまり、ビジネス上の各機
能やプロセスにおいて浪費と非効率的な要素を見極め、それ
をチーム・レベルで自発的に改善する卓越したオペレーショ
ン・スピードを備えた企業が時代の寵児になったわけである。
1970 〜 80 年代、世界的に注目されたトヨタ自動車の「JIT(Just
In Time)」や、「リエンジニアリング（Reengineering)」の
話がこれにあたる。

　次に登場したのは「戦略スピード」というコンセプトで
ある。各企業の努力によりオペレーション・スピードが上向
標準化され、企業間の差別化ポイントがビジネスのオペレー
ション・レベルではなく、最高経営者の戦略的意思決定から
出るようになったのである。GE 社の元 CEO（1981 〜 2001
年在任）ジャック・ウェルチ氏に代表されるように、旧ビジ
ネスからの撤退や新規ビジネスへの進出、M&A など、いわ
ゆる「グランド・ストラテジー」や大形意思決定が会社の命
運を決める時代になったことで、経営者のリーダーシップが
脚光を浴びていた時代でもある。

　しかし、21 世紀に入ってからは、この 2 つのスピードだ
けでは不十分な状況になり、第 3 世代の「実験スピード」が
重視される時代が訪れた。ICT 革命、AI の進化により第 4 次
産業革命とも言われているいまの時代には、不確実な未来と

多くのチャンスが混在しており、その間培ってきた能力を総動員しても近未来を予測できなくなった。そのため、何でも早くやってみて、失敗したら素早く戦略的方向転換のできることが求められる。つまり、やってみないと全くわからないリスクを見極め、解決策を見つけ、その経路を開拓していく方式で経営実験を重ねていくことが、既存の戦略的意思決定に代わる時代的要請である。いまのところ、この第3世代のスピードを自分のものにしている企業はグーグルとアマゾンくらいだという。カンウランは、このような議論をスピード関連の英語単語を使って再説明しているが、それをまとめたのが、次の＜図表1－1＞である。

| 図表1－1　スピードの種類と経営 |

	Speed	Velocity	Agility
辞典的意味	単位時間内の移動距離（距離／時間）、速力	単位時間内の位置変化量、速度	敏捷性
付加解釈	直線距離を早く動くときに競争力あり	方向に合わせて動くことが大事（方向間違いで元の位置に戻ったらダメ）	運動方向の転換能力（刺激に対する反作用、リアクション）

経営への示唆	オペレーション・スピード（JIT、Reengineering）	戦略スピード（意思決定、リーダーシップ）	実験スピード（試行錯誤の見直し、準備・事前訓練、開放的姿勢）
競争力の源泉	マニュアル実行力	CEOの直観、有能な戦略スタッフ、挑戦精神、油を注した機械のような実行力	個人のオーナーシップ、情熱溢れる小さなチーム、自発性

出所: カンウラン（2017）から筆者作成

　もし、自動車が直線の高速道路を時速100kmで1時間走ったら、スピードと「ヴェルロサティ」は同じである。動いた距離も100kmで、出発地点からの位置変化量も100kmだからである。しかし、周りが5kmである円型トラックを20回走行して出発地点に戻ったとすれば、スピードは依然として100kmであるが、ヴェルロサティは「0」になる。経営のスピードは、単純に早く動くことではなく、どれくらい前に進んだのか、つまり、方向性を持って動くことが大事であるということである。「アジリティ」は、トラック競技よりはコート競技で必要な能力である。バスケットボール競技のように、方向性のわからないボールのキャッチ能力、相手と友軍の位置を素早くキャッチしてパスする能力のことをいう。状況の変化に早く反応しなければならないという話である。環境の変化が激しい今のような時代には、決まった方向通りに動く

ことはほぼ不可能に近いからである。カンウランはその他、スピード関連の用語についても、ペース（Pace）とケイダンス（Cadence）を挙げている。初めから最後までの全体のプロセスを念頭において速度調節するという意味のペース、市場または業種別に要求されるリズムやサイクルを意味するケイダンスには、それぞれ必要とする能力が違う。

　ジャズの世界でチャーリー・パーカーが起こしたスピード演奏革命は一見するとオペレーション・スピードのように見えるが、もうちょっと考えると戦略スピードに近い側面がある。つまり、多くの演奏者を束ねて聴衆が求める音楽を効率よく提供したビック・バンド時代がオペレーション・スピードに相応しく、チャーリー・パーカーは、スウィングからビバップ時代に大きく方向転換をさせたという意味で戦略スピードを駆使した人物として理解できる。そして、真の集団即興、つまり、メンバー全員によるインタープレイが大事にされているハードバップ以降のジャズ・ミュージシャンは、まさに、カンウランのいう第3世代スピードである「実験スピード」の体現者たちであろう。

■ 経営100年、ジャズ100年

　スチュアート・クレイナー（2000）曰く、20世紀は「経営の世紀 the management century」である。勿論、経営（マネジメント）は、人類の文明が始まった瞬間から存在したと

も言えるだろうが、20世紀に入ってからはじめて組織され、分析・検討され、教えられ、公式化されたことも事実である。その多くのプロセスが米国で行われたので、20世紀は「米国の世紀」であるといっても過言ではない。そのような米国で生まれた音楽がジャズであり、その意味では20世紀は「ジャズの世紀」でもある。

ジャズ音楽の歴史を少し辿ってみても、1930年代のようにジャズが一世を風靡した時期もあったし、1960年代以降のようにロックやポップ・ミュージックに大衆音楽の王座を譲りながら存在そのものが消えるかもしれないという危機にさらされた時期もあった。そのような過程で、ジャズ音楽そのものにも大きな変化があったし、ルイ・アームストロング、ベニー・グッドマン（1909～1986、クラリネット奏者兼バンド・リーダー）、デューク・エリントン（1899～1974、ピアニスト兼バンド・リーダー）、チャーリー・パーカーなど、いわゆる「ジャズ・ジャイアンツ」が明滅したわけである。

その間、近代的経営管理の歴史においても変化する経営環境の中で様々な経営スタイルや理論が登場した。フレデリック・テイラー、ヘンリー・フォード（1863～1947、フォード自動車の創設者）、チェスター・バーナード（1886～1961、経営者・経営学者、組織論の巨匠）、アルフレッド・スローン（1875～1966、GMの元CEO）、エルトン・メイヨー（1980～1949、人間関係学派の創始者）など、それぞれ各時代を代表する優れたリーダーも現れた。ジャズの思潮と経営

思想、ジャズ・ジャイアンツと、経営、経営学のリーダーを単純比較するには当然無理があるだろうが、敢えてやってみることによって新たな次元が見えてくるかもしれない。

電通美術回路（2019）は、『アート・イン・ビジネス』で、これからの時代を「アート・イン・ビジネスの時代」として定義し、アートとビジネスの関係における5つの潮流とその効果について次の＜図1－2＞のように整理している。

「アート・イン・ビジネス」とは、「ビジネスにアートを取り入れること」を意味し、「ビジネスパーソン一人ひとりが、ビジネスにアートパワー（問題提起力、想像力、実践力、共創力）を取り入れることで、ビジネスのあり方を問い、ビジネスに多元的なアート効果（ブランディング、イノベーション、組織活性化、ヴィジョン構想）をもたらし、ビジネスを通じて組織や社会を変革していく思考かつ実践活動」であると定義されている。

電通美術回路（2019）が、企業とアートの関係について、段階説ではなく潮流という表現を使い、その取り組みや考え方が今日まで脈々と受け継がれると把握していることは、ジャズ100年史にも当てはまると考えられる。ただし、彼らは美術作品を中心としたヴィジュアル系の空間作品のみをアートとして分析の対象にしているので、音楽のような聴覚系の時間芸術には触れてないのが残念である。もちろん、同じ空間でじっくり目で確認できる美術作品とは違って、ジャズのような音楽は、一応、聴覚で確認はできるものの、その感覚

が時間とともに流されてしまうので、具体的なイメージがつかめ難いという特徴はある。

| 図表1−2　アートとビジネスの関係変化とその効果 |

時期区分	潮流	効果
1920〜1960年代	パトロナージュ型経営	感性の獲得 同時代性の共有 地域貢献 文化的コミュニティの形成 文化支援
1970〜1990年代前半	経営と文化支援活動	社会的評判 経済効果 従業員の創造性 価値構造の多元化 組織の活性化 地域貢献 街づくり
1990年代後半〜2000年代	現代アートによるブランディング	伝統的イメージの刷新 ブランド活性化 創造力の源泉 文化支援 富裕層との関係強化 高級イメージ 社会的評判 話題の醸成

2000年代前後	次世代アートとイノベーション	非連続イノベーションの創出 先進的技術への対応 異分野の融合 未来の思索 プロトタイピング
2010年代以降	「問」としてのアート・シンキング	論理的思考からの脱却 思考プロセスの獲得 美意識の獲得 問題提起力の強化

出所:電通美術回路(2019)から修正

　しかし、だからこそもっと想像力を膨らませることができるのではないだろうか。筆者の考えとしては、多少の説明加減は必要だが、「アートパワー」のコンセプトは、そのまま「ジャズパワー」にしても良さそうな気がする。

　いずれにせよ、1917年は記念すべき年である。それまでに酒場の生バンドBGMに過ぎなかったジャズがレコードを通じて、家でも鑑賞できる音楽になったからである。その時から100年が過ぎた今、ジャズ100年の知恵を経営学100年の歴史に照らして、これからのマネジメント問題を考えてみることに、この本のささやかな意義がある。

マネジメント・フォーカス①

★ 環境適応 vs. 文化牽引

　経営環境を与えられた制約条件として受け入れるか、努力して変えられる可変的なものとして見做すかの問題である。どちらのスタンスを取るかは、海外に進出するときに特に課題になる。新しいビジネス分野に進出するときにも既存市場のルールに従うか、自分の論理を持っていくかなど、大きな悩みの元になる問題でもある。特に目に見えない文化的な部分が厄介で、これに関連しても次の図のような対立する二つの議論があって、それぞれ説得的である。

経営は、
風土の支配を受ける
文化拘束的活動
Environmentalists
環境論者

普遍論者
先進的経営管理方法は
環境と関係なく
最大の効率性を保障
Universalists（Global Standard）

　後発国に進出した多国籍企業の場合、現地適応は論外で、自分たちが遅れている現地の文化を牽引していくのだという使命感まであって、現地の伝統文化を壊してしまうという批判にさらされたこともある。逆に、先進国に進出した後発国企業の場合は、現地適応を強いられ、困った状況に陥ったケースもあるだろう。

ジャズ・スペシャル①

Take Five

The Dave Brubeck Quartet

ジャズ・ピアニストのデイヴ・ブルーベックが作った曲である。一度聴いたら忘れ難いインパクトのある曲で、様々な場面で使われてきたので、ジャズに興味のない読者もどこかで聴いた覚えがあるかもしれない。要するに、この曲は、ジャズ嫌いな人でも一度聞いたら「いいね」と思い、好きになるかもしれないジャズ名曲の一つである。

デイヴ・ブルーベックは、1920 年米国カリフォルニア州生まれのピアニストである。1951 年の事故で、演奏するときに手動きの不自然感を感じ、スピードが早い華麗な演奏よりは、コードやリズム的実験に関心を持つようになったと知られている。そのおかげで誕生したのがこの曲で、当時普通だった 4/4 拍子ではなく 5/4 拍子の、いわゆる変拍子の曲として有名である。

人生は「塞翁之馬」であると言われているが、デイヴ・ブルーベックは、この曲が大ヒットすることによって世界的なスターになり、演奏旅行に忙しくなったので、本人はもちろん我々にとっても幸いな事故だったかもしれない。ジャズは何と言っても 4 ビットだと主張するジャズファンが多い中、テイク・ファイブのような変拍子の曲を最初に紹介するのは心細いが、まずは、お馴染みの曲からジャズの海に足を踏み入れてみることをお勧めしたい。

第2章

ジャズ for ストラテジー・マネジメント

2.1. 経営戦略の前提：思想とプレーム

　伝統的、歴史的観点からみた「戦略」という言葉は、軍事的意味である。筆者の気に入る戦略に対する定義は、Pitts & Lei（2000）によるものである。軍の世界で司令官の戦略的な責任は、自分の軍隊の持つ強みに有利であり、敵には不利な戦争場 (battle field) を選択することであるという。例えば、騎馬部隊の場合、彼らが持っているスピードと機動性を活かせる平坦で解放的な場所を選択しなければならない。企業の戦略を考える場合、会社全体、ビジネス（事業）単位、機能別など、企業組織のレベルによって様々な形の定義が可能である。なので、経営戦略についても多様な定義がなされているが、おおむね「企業が実現したいと考える目標と、それを実現させるための道筋を、外部環境と内部資源とを関連付けて描いた、将来にわたる見取り図」（網倉・新宅、2011）と似ているものになっている。

　では、こういった経営戦略とジャズの間に、接点はあるのだろうか。具体的な関係性を探っていく前に、以下では、まず、その前提になりうる「思想」や「プレーム」の問題を考えていきたい。筆者の考えとしては、いくら優れた経営戦略が立てられたとしても、それを実行する人（経営者及び従業員）の考え方や判断基準により、その実行された結果が違ってくるものである。いや、そもそも経営戦略を模索する段

階からそういう仕事を担当している個人の持つ価値観や思想が影響を与えるに違いない。「良い・悪い」という判断を下す前提が個人の価値観問題で、それは幼いころに形成されてからよっぽどのことがない限り変わらないので、物事に対する見方を左右するはずだからである。つまり、企業が同じ状況（内部リソースと外部環境）に置かれていても、経営戦略を作る人がどういう価値観や思想を持っているのかによって、ビジョンや目標の選択肢、戦略の形が変わる可能性が高いのである。

■ ジャズ思想とジャズ・ジャイアンツ

　「ジャズの思想」と言われると、やや大げさであるような気がするかもしれない。しかし、経営の世界に「経営哲学」、「経営思想」という話があるように、ジャズの世界においてもそういった言葉を使っておかしくはない。思想というのは、「様々な分野の知識体系と、その根底にある観念体系」を指しており、我々人間が生きる世界と、人間の生き方に関する「まとまった理解の仕方」であると定義されている。この「まとまった理解の仕方」にも様々な形があり、それには多くの思想家が関わっている。

　「思想」については、小説家の司馬遼太郎氏が1969年に行った講演会で大変面白い見解を披露したことがある。思想や宗教は、小説と同じようにフィクション（うそ）であると

言い切ったのである。人間にはお酒が飲めない人と、お酒が飲める人という二通りの体質があり、アルコールだけではなく、宗教を含めて思想というものに酔える人、そして酔えない人があるという。マルクス・レーニン主義がいかに立派な思想であろうとも、全部の人間がそれに感動できるわけではないし、どんなにキリスト教が隆盛の時代であっても、キリスト教徒になれない人は常に存在したというのである。ある人が宗教や思想を変えたことについては、日本酒がウィスキーに代わっただけで酒であることに変わりはないという話も残している。要するに、思想というものは、時代や状況によって、あるいは思想に酔う体質の個人的な必要によって変わっていくものであるかもしれないということである。

　100年余りの経営学の歴史で「パラダイム・シフト (Paradigm Shift) [6]」ともいうべき思想の変遷が多くあった。当然ながらジャズの世界にも時代的変化を象徴する大きなうねりのような動きが多くあった。よく言われている「スウィング、ビバップ、ハードバップ、クールジャズ、ヒュージョンジャズ、フリースタイル」などがそれである。その都度、優れたジャズ・ミュージシャンが登場したことはいうまでもない。経営の思想家たちが著作を通じて、「思想」というまとまった理解の仕方を示したことと同じく、優れたジャズ・ミ

---

6 1962 年、トマス・クーンによって提示された概念で、社会の規範や価値観など、ある時代や集団の支配的な考え方が革命的・非連続的に変わること。

ュージシャンたちも演奏を通じてそれを表現したと考えてい
いのではないだろうか。以下では、初期ジャズの形成と演奏
スタイルの変遷史を辿りながら、経営・経営学との接点を探
っていきたい。

■ ニューオーリンズジャズ、スウィング、ビバップ

　　ジャズ音楽の大きな特徴の一つとして語られているのは
「インプロヴィゼーション：即興演奏」であるが、ニューオー
リンズ・スタイルのインプロヴィゼーションは、現在ふつう
に行われているジャズの演奏とは異なるものであった。複数
の管楽器が同時に即興を行う、いわゆる「コレクティブ・イ
ンプロヴィゼーション：集団的即興演奏」だったのである（丸
山、2006）。つまり、コルネットやトランペットが輝かしい音
色で中音域のメロディーラインを演奏する、トロンボーンが
低音部を担当し、クラリネットはより高音域で装飾的な旋律
を演奏する。こういった3管編成が主流で、いわばクラシッ
ク音楽の対位法的な即興演奏を行った。これをドラム、ピアノ、
ベースなどで編成された「リズム・セクション[7]」が支える形
である。このスタイルの代表がキング・オリヴァー（1885 ～
1938、コルネット奏者、バンド・リーダー）の率いた「クリ

7　バンドなどで、主にリズム進行を受け持つ部門。ドラム、ベース、
　　ピアノ、ギターなどの楽器が担当するのが一般的。

オール・ジャズ・バンド」と、ジェリー・ロール・モートン
が率いた「レッド・ホット・ペッパーズ」である。後にジャ
ズ音楽の形式を完成させたと評価されたルイ・アームスト
ングは、このキング・オリヴァーのバンド出身である。

　前述したように、ルイ・アームストロングは、ニューオ
ーリンズ風の集団的即興演奏のなかで「個人のソロ」という
ものを最初に行った人物で、ジャズ・ヴォーカルの開祖とし
ても知られている。譜面に書かれている音符の間を装飾音で
彩る「スキャット」を駆使し、自分の声を楽器のように使い
始めたからである。このようなルイ・アームストロングの演
奏スタイルや歌い方は多くのジャズ・ミュージシャンに影響
を与えるようになる。特にビック・バンド・アレンジャーに
与えたルイ・アームストロングの影響は大きく、「スウィング
時代」を迎えるようになる。

ルイ・アームストロング
後にジャズ音楽形式の完成者として称えられた

スウィングの王様として有名なベニー・グッドマン（1909
〜 1986、クラリネット奏者、バンド・リーダー）の活動を
実質的に支えたフレッチャー・ヘンダーソン（1897 〜 1951、
ピアニスト、作曲・編曲家）スタイルは、ルイ・アームスト
ロングのトランペットに啓発され、生まれたと知られている。

　ともあれ、スウィングという言葉は、タバコや女性衣類
など、あらゆる商品のマーケティング手段にも使われるよう
になったので、スウィングが大ブレイクしたことは確かであ
る。よく混乱を招くことがあるが、スウィングとは、ジャズ
音楽の本質的な特徴をあらわす言葉であり、ビック・バンド
中心の 1930 年代のジャズ音楽スタイルを指す用語でもある。

　スウィング・スタイルとは全く違う方向に向けて新たな
進化を見せたのが「ビバップ」である。ビバップとは、多彩
に変化するリズム、メロディー、和声の複雑な展開を特徴と
する非常に自由な演奏スタイルを指す。ビバップを演奏する
いわゆる「バップパー」たちは、1930 年代のスウィング時
代を経て市民権を獲得した「ジャズ・スタンダード[8]」に、和
音の基本構造やメロディーの一部分のみを残して、他の部分
はすべて全然違うものにした。つまり、ジャズ・ミュージシ
ャンは、このビバップ・スタイルを通じてやっと表現の自由
を手にしたのである。ジャズ音楽の革命とも言われているビ

---

8 多くのジャズ・ミュージシャンによってカバーされるようになった
　　定番の楽曲。ミュージカルや映画のサントラから来たものが多い。

バップにより、ジャズは、ただのダンス音楽ではなく、鑑賞のための音楽、芸術的な価値を持つ音楽として評価されるようになる。

　1940 年代のこのビバップ・スタイルを牽引したのは、あの超絶技巧の早いスピード演奏で一世を風靡したアルト・サックスのチャーリー・パーカーと、トランペットのディジー・ガレスピー（1917 ～ 1993）である。このビバップ・スタイルの演奏は、それまでのスウィング時代のジャズとは全く違う形の音楽として、ジャズが演奏家の音楽であることを世の中に宣言した、まさに、パラダイム転換そのものである。よって、この時代は、「モダン・ジャズ」の始まりであると称されている。

チャーリー・パーカー
ビバップの創始者として知られている

■ テイラーリズムと人間関係論

　一方、近代経営学はフレデリック・テイラーによって始まったと言っても過言ではない。ルイ・アームストロングが自分の演奏スタイルを通じてジャズ音楽の形に大きく影響を与えたことと同じく、テイラーの思想はその後の経営に大きな変革をもたらしたのである。

　テイラーは、作業をするための最適な姿勢や動作を調べ（時間研究、動作研究）、マニュアル化し、作業コーチ（産業能率技師）に熟知させ、それを作業員に教えて実行するようにした。その後、作業の成果をモニタリングし、生産量による差等報奨（出来高賃金制度）を実施した。その結果、生産性は3.5倍増加し、人件費は60％の賃上げと同じレベルに増加したが、総運営費は50％節約されたと知られている。このようなテイラーの考え方は、ジャズのスウィング時代と同じく、「テイラーリズム」として一世を風靡するようになる。象徴的なのは、ヘンリー・フォードのベルトコンベヤーシステムであり、その結果、大量生産・大量消費社会が訪れたのである。

　テイラーは、科学的管理法が経営者だけではなく労働者たちにも役に立つと考えたが、労働者たちはそうは思わなかった。人間は機械と違って自由に考え、行動する存在だが、テイラーリズムによってそれが抑圧され、工場から人間性が抹殺されたと、多くの労働運動関係者たちは主張したのである。いわゆる「機械的な人間観」に対する反発である。

そのような背景のなかで登場したのが「人間関係論」である。エルトン・メイヨーやレスリスバーガーなどの一連の研究者たちによって、1924 〜 32 年の間、約 8 年かけて行われた「ホーソン工場（シカゴ地域のウェスタン・エレクトリック工場）実験」の結果、作業員たちがどのような人間関係を結んでいるのかによって大きく生産性が変わることが明らかになった。よりよい人間関係を維持する作業員がそうでない作業員より成果が良いということがわかったのである。この研究から新たな経営思想として、「人間関係学派」が生まれることになる。現在、組織論の大きな柱になっている組織行動論の始まりでもある。経営史における人間関係論の台頭は、経営における人間観の革命で、ジャズ史におけるビバップの登場と同じレベルで評価すべき大きな変革である。

■ ハードバップとマネジメントの時代

　このような流れを踏まえて、第 2 次大戦後、ジャズの世界も経営学の世界もまた大きな変化を迎えていく。クリフォード・ブラウン（1930 〜 1956、トランペット奏者）、ホレス・シルヴァー（1928 〜 2014、ピアニスト）やアート・ブレイキー（1919 〜 1990、ドラマー）などによる「ハードバップ」時代の本格的な開幕、ピーター・ドラッカー（1909 〜 2005、経営学者）などによるマネジメントの時代が始まったのである。ジャズ評論家の悠雅彦（1998）は、ハードバップ時代について次のように語っている。

ハードバップとは、他方「モダン・バップ」ともいわれるように、"モダン・ジャズへと進化したバップ"のこと。「ハード」とは当時のスラングで"何物にも屈しない粘り強さと男性的なたくましさを備えた気質"を意味していたが、そう呼ばれるようになった裏には、当時一般的だった西海岸の白人中心のウェストコーストジャズに対する黒人演奏家たちの強い対抗意識があったことは否定できない。東海岸の黒人ジャズの独創性と正当性を主張する彼らは、「クールやウェストコーストジャズなどを女々しい音楽と言って憚らなかった」からである（中略）。彼らには話し、訴え、主張すべきことが山ほどあり、アドリブ・ソロが必然的に長くなる傾向を伴った。折しも世はLP時代を迎え、プレスティッジやブルーノートといったニューヨークのジャズ専門レーベル一群が、これら黒人たちのジャズを積極的にLPに吹込する機運も高まりつつあった。それは、彼らが時代をも味方にすることに成功したことを示して余りあるものだった。

　このように、黒人ミュージシャンによる一種の「運動」としても評価された1950年代半ばからのハードバップ時代は、現在も我々が楽しんでいるジャズ・コンボの全盛期であった。

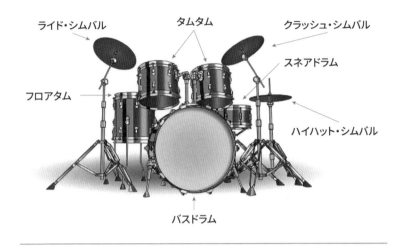

ライド・シムバル　　タムタム　　クラッシュ・シムバル

スネアドラム

フロアタム

ハイハット・シムバル

バスドラム

ドラムセット
ハイハット・シムバルがバスドラムに変わってリズムを刻む
ことに　より、いわゆる「メロディック・ドラミング」が可
能になった。

　ハードバップの特徴の一つは、ドラムがジャズ演奏にお
いて大きな役割を果たしたことにもある。もちろん、ドラム
無しのハードバップ・バンドが存在しなかったわけではない。
しかし、アート・ブレイキーやマックス・ローチ（1924〜
2007、ドラマー）のドラミングを聴いているうちに、「これぞ！
ハードバップ」みたいな感じになるのも事実である。
　一方、1950 年代は、世界で初めて大学で経営学を教える
教授になったドラッカーが、『現代の経営（The Practice of

Management）⁹』という著書を出したことで象徴されるように、経営学が一つの学問として体系化された時期でもある。以上の内容をまとめたのが次の＜図表2－1＞である。

　勿論、こういった単純な図式化には当然ながら無理がある。読者の皆さんは、筆者の勝手な時代区分に疑問もあるだろうし、その時代に重要な役割を果たした人物が多く抜けていることも気になるだろう。

　しかし、これはあくまでも筆者の「フレーム」の中から生まれたものであり、ジャズ史や経営史と関連しては当然ながら様々な角度から筆者とは違う枠組みで整理することも可能である。このような考え方に対する皆さんの理解を深めるために、以下では「フレーム」関連の話を少し紹介したい。

9　1954 年に出版された記念碑的な経営書

| 図表2−1　ジャズ・経営思想の変遷 |

■ 「フレーム」という考え方

　西洋の寓話のなかで「Percy the Pink」という作品がある。ピンク色が大好きなピンク大王が自分の周りをピンク一色にすることだけでは気が済まなく、国民の周辺や動植物まで、目に見えるすべてをピンク色に変えるよう命令した。しかし、そら（空）だけはどうしてもピンク色にすることができなくて悩んでいた。そこで、ある賢者がピンク大王にピンク色のレンズを付けた眼鏡を渡し、問題を解決したという話である。眼鏡ひとつでピンク大王は何時でも自分の大好きなピンク色の景色を見ながら幸せに過ごすことができたし、国民たちも

それ以上周りをピンク色に染める必要がなくなったわけである。

　我々もこのピンク大王と同じく、「フレーム」という心の眼鏡を通じて世の中を見ていると言われている。思想や哲学といったら何か難しそうに考えられるが、結局はその思想や哲学を生み出した人のフレームに過ぎないという理解もできる。我々が歴史や経営を考える時にも知らないうちにこういったフレームが働いているのではないだろうか。もちろん、そこで働くフレームとは、自分自身の固定観念のようなものかもしれないし、どこかで読んだり聞いたりして潜在意識に残っていたものかもしれない。このフレームによって同じ現象に対する解釈も、理解も違ってくる。つまり、共鳴する思想、まとまった理解の仕方がそれぞれで、正しいかそうでないかの問題ではない。問題になるのは、ある思想や宗教などのフレームに酔っぱらってしまった場合、とてつもないミスをする可能性があることである。これについても司馬遼太郎氏は1989年の講演会で大変意味深い事例を紹介している。中国の明の時代に一人の偉い医者が皇帝にお願いし、死刑囚の解剖を行った結果、死刑囚の内臓が従来の五臓六腑図とずいぶん違うことがわかった。しかし、当時のイデオロギーに酔っぱらっていたその医者は、「この死者は泥棒だった。泥棒は内臓も違うにちがいない」と考えたという。恐ろしい話ではあるが、似たようなケースは現代の世界においても相当あるような気がしてやまない。

ともあれ、ジャズのスウィング、ビバップ、ハードバップ、経営学のテイラーリズム、人間関係論、マネジメント論といった形で整理して見ることも一つのフレームであり、これをどのように受け入れるかは読者の皆さんのフレーム、つまり、ものの見方によって違ってくるだろう。

　例えば、人類の歴史や経営の発展について、ある人はイノベーションの連続だと言い、ある人は改善の連続だという。イノベーション、つまり、革新の連続だと思う人は、暗黙的にヘーゲルの弁証法的な考え方に共鳴しているかもしれない。改善の連続だと思う人は、サイモンの「限定された合理性」的な考え方の持ち主かもしれない。

| 図表2−2　発展をみる3つのフレーム |

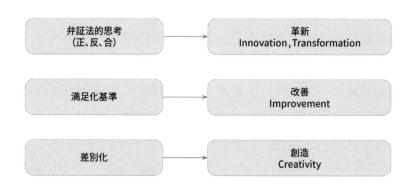

　それでは、創造性が求められている今の時代にジャズ音楽などからその示唆点を探そうとする筆者の場合はどうなの

か。多分、筆者自身もよく自覚してないのだが「差別化[10]」という一種のフレームにこだわりを持っているかもしれないのである。しかし、人類の歴史は必ずしも発展してきたとは言い切れないという考え方の持ち主であれば、こういった内容も物理的な進化論のフレームからみた一個人の考え方に過ぎないかもしれない。

　実際に経営の現場でも、同じ現象に対して、革命的な変化だとみる人もいれば、改善だ、創造的だ、あるいは後退だと考える人もいるのが現実的で、面白いのである。思想であれフレームであれ、どのようなスタンスを取るかによって全てが変わる可能性が高い。つまり、基本スタンスが変わったら、企業として目指す方向性も、それを具現するための戦略も、その戦略を実施するための組織化のパターンも、人材に対する考え方も、リーダーシップの形も違ってくるのである。哲学、思想、フレーム、スタンスなど、どのように称しても良いのだが、企業という存在を分析するためには、こういった前提を、まず、最初に念頭に置かないといけない。つまり、最高経営者であれ一般の従業員であれ、その場で意思決定のできる意思決定権者の性向（個性）を確認することが、マネジメント研究の始まりなのである。

10　ここでいう「差別化」は、より幅広い意味で使っている。競争戦略論で差別化というと、差別化戦略を意味し、コスト・リーダーシップ戦略と区別するケースが多い。ここでの差別化は、コスト・リーダーシップ戦略をも含む意味合いで、あらゆる面で他者との違いを図る、生み出すことを指す。

マネジメント・フォーカス②

★ 機械的・道具的人間観 vs. 主体的人間観

　主流経済学での人間は、経済的な打算の上、自分の利益を極大化しようとする合理的な存在だが、サイモン流の経営学での人間は、合理的な選択をできるほどの情報処理能力がなく、せいぜい自分の満足のいくレベルの選択肢を並べて選ぶ程度の不完全な存在である。この不完全な人間を経営の現場でどうのように扱うかによってマネジメント・スタイルは大きく変わる。テイラーリズムと人間関係論の話もそうだが、不完全な人間には考えさせない、不完全な人間だから考えさせるという全く違う考え方が可能な世界が経営学である。

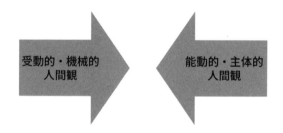

　企業経営のスタイルは、経営者がどのような人間観の持ち主なのかによって大きく変わる可能性が高い。古くは、性善説・性悪説とも繋がる話しであるが、マクレガーの古典的な「X・Y理論」でみるように、組織の構成員をどのように見るかによって、統制や自律のような、それぞれ対極にあるマネジメント・スタイルの構築が可能なのである。

ジャズ・スペシャル②

Louis Armstrong

　原曲はイギリスの民謡で、16世紀に建てられた聖ジェイムス病院関連の歌である。米国では1928年のルイ・アームストロングの演奏と歌によりヒットした。当時の演奏と、同じくルイ・アームストロングの1947年演奏を聴き比べてみてほしい。

　歌詞の違うヴァージョンが幾つかあるが、大体は、愛し合った人が死体になって聖ジェイムス病院に置かれている状況（慈善病院なので貧しくて親族のない方だっただろう）を歌ったものである。悲しい歌詞の内容と、曲の美しいメロディー、そして、ルイ・アームストロングの何気なく古臭くて切ないトランペットの音色が調和し、聴者に並みならぬ哀愁を感じさせる。あまりにもメロディーのいい曲だからなのか、他のジャズ・ジャイアンツの演奏はなかなか見つからないのが残念だが、レッド・ガーランド・ピアノトリオ（1962年）の演奏だけは、絶品だと言わざるを得ない名演である。

　近年のものとしては、日本のジャズ・オーディオ評論家である寺島靖国氏が企画した2016年の大橋裕子のピアノトリオ演奏がお勧めである。それぞれ異なるプロデューサーによって行われたスタジオ録音とコンサートホール録音の2つの演奏が楽しめる。番外に、在日韓国人である新井英一氏が「愛しのジェニー」というタイトルを付けて歌ったものも彼特有のハスキー声で聴き答えのある演奏である。

2.2. 競争戦略論の観点からみたジャズ音楽の特徴

■ パターンとしての戦略とジャズ

　ミンツバーグら（2009）は、少し変わった形で、戦略の定義に関わる5つのPを提示している。彼らによると、戦略は、プラン（Plan）であり、パターン（Pattern）であり、ポジション（Position）であり、パースペクティブ（Perspective）であり、策略（Ploy）である。つまり、将来を見据える「プランとしての戦略」、過去の行動を見る「パターンとしての戦略」、特定の製品の位置づけである「ポジション戦略」、企業の基本的な理念に関わる「パースペクティブとしての戦略」、競争相手の裏をかこうとする特別な「計略としての戦略」のことである。

　ジャズ音楽は、敗北させるべき敵の存在を想定してないので、策略のPまでは考えなくてもよさそうな気がするが、残りの4Pは、ジャズの世界からも見いだされる。ジャズ・バンドの場合、バンドそのものの存在意義や、音楽市場または業界内での自分たちの位置づけなどは、パースペクティブとポジションに関する話になるだろうが、実際にはバンド・リーダー以外のメンバーはあまり関心がないかもしれない。また、あるジャズ・バンドが将来を見据えて計画的な曲作りをしているとも考えられない。もちろん、どのような雰囲気のものにしたい等、演奏に入るときにある程度の約束は事前

に交わすだろう。しかし、本物のジャズ・バンドであれば、実際の演奏では、インプロヴィゼーションがメインになるはずなので、プランとしての戦略も脇役になってしまう。結局、ジャズ・バンドの創造的なアウトプットである演奏に関わる最も大事な戦略コンセプトは、「パターンとしての戦略」ではないだろうか。要するに、ある種の計画や約束（意図された戦略）の下で演奏が始まり、その演奏に参加するミュージシャンたちのインプロヴィゼーションによって創発的に（創発的戦略）、ある種のパターンが形成されるのが、ジャズ・バンドのアウトプット（実現された戦略）であると考えられる。

　ともあれ、実際の企業経営においては、ジャズ・バンドみたいなパターンとしての戦略も大事であるが、策略のＰを入れた残りの４Ｐ戦略も重要である。特に、激変するメガコンペティション（Megacompetition）の経営環境の下では、相手に勝つための戦略、つまり、競争戦略が企業にとって大きな意味を持つことになる。

　競争戦略論のベースになっている議論は大きくみると、5要因理論として知られている外部環境に注目するマイケル・ポーター流（ポジションのＰ）と、VRIOモデルとして知られている内部資源に注目する議論（パースペクティブのＰ）に分けられる。次の＜図表２－３＞は、そのキー・コンセプトを整理したものである。もちろん、ポジションのＰとパースペクティブのＰが5要因とVRIOだけの議論ではないので、より詳しくみていきたい方はそれぞれの関連文献を参考にし

てほしい。

　以上のような枠組みを支える、現場よりの実践的戦略としては、コスト・リーダーシップ戦略と差別化戦略がある。コスト・リーダーシップも結局は競争相手とコスト面での差別化と繋がる話なので、大きく見ると、競争戦略論は「差別化」の話になる。もちろん、競争相手の戦略をそっくりそのままコピーして二番手を狙うことも競争戦略になるかもしれないが、それも結局は他の企業がとっていない戦略であるとすれば「差別化」に繋がる。

| 図表2−3　経営戦略と競争優位 |

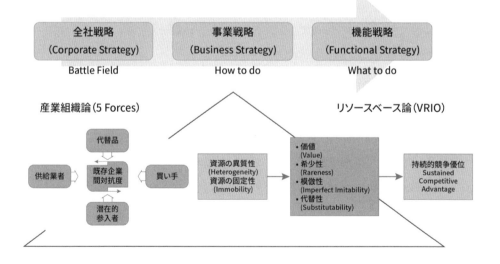

それでは、企業は、どのようにしてこの「差別化」を実現できるのだろうか。もちろん、結果的には５Ｐという戦略的定義の全てが関わることになるだろうが、以下では、まず、企業の「差別化」を生み出す経済的仕組みをみていきたい。

■ 企業が生み出す価値と競争優位

　企業はそれなりの付加価値を生みだすために何らかの「ユニークさ」を夢見る。類似した製品やサービスを提供している同じ業界の企業同士でも競争相手より差別化される何かを求めて頑張っている。それは、顧客から自社の製品やサービスを競争相手のそれより優先的に選択して貰えるためである。顧客から優先的に選択して貰えるためには、次の＜図表２－４＞でみるように、企業は市場価格より高い価値を提供しなければならない。

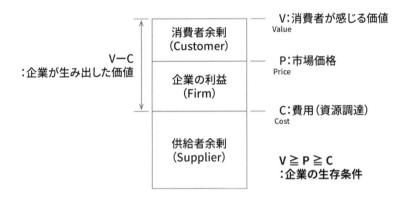

企業は、下請け会社、部材会社、従業員、政府など、様々なリソース供給者に費用を払ってリソースを調達し、製品やサービスを作り出す。企業が払う費用は供給者の利益に繋がるので、＜図表2-4＞の「C」は、企業とリソース供給者の交渉力によって決まるもので、企業の目的達成のために発生する犠牲の部分である。「P」は、市場で売れる価格なので企業が生み出した「リアル価値：お金で換算された価値」になるので、「P-C」は、企業の利益になる。「V」は、消費者が企業の製品やサービスに対して感じる価値であり、経済学的には顧客が支払っても良いと思う最高価格（Maximum Price）なので、「V-P」部分が大きいほど、消費者から選択される可能性は高くなる。

　企業がただの生存を求めるのであれば、「V＝P＝C」の

レベルでとどまってもいいが、成長や持続的な発展のために
は、「V＞P＞C」という条件が必要になる。ある意味で、「P
－C」部分は効率性（Efficiency）が求められる企業の管理的
次元の問題であり、「V－P」部分は効果性（Effectiveness）
が求められる企業の戦略的次元の問題でもある。効率性の問
題はコスト・リーダーシップ戦略に、効果性の問題は差別化
（Differentiation）戦略に繋がる。つまり、企業が最大限の「ユ
ニークさ」を夢見るのであれば、「P－C」より「V－P」の
部分を高めるために努力しなければならないのである。企業
の目的は利潤の追求ではなく顧客の創造であるというドラッ
カーの有名な話があるが、それは、「V－P」の部分を考える
と理解できる。もちろん、企業のユニークさ、製品やサービ
スの差別化を生み出すことには効率化に関連する「P－C」の
部分も関わっているので、「V－P」の部分に関する話だけが
戦略的次元の問題であるとは言い切れない。また、ユニーク
さや差別化を追求することだけが経営戦略論の目標でもない。

　理論的で複雑な話はさておき、結局、利潤を含めた企業
の成長や自由度の向上は、費用（C）の低減と価値（V）の向
上にかかっている。昔は「二兎を追う者は一兎をも得ず」と
いう話で代表されるようにパラドックスの問題として認識さ
れたことが多いが、近年は、コスト削減につながる効率化も
価値の向上につながる効果性も捨てられないということで、
統合モデルが登場した。いわゆる「両手効き（Ambidextrous）
マネジメント」というものもあるが、以下では、優れた価値

の創出と低コストを同時に追求する方法として提示されたブルー・オーシャン戦略のなかでの議論を紹介したい。

「ERCR」モデルとも言われるものだが、つまり、自社が属している業界内で当たり前のこととされている要素の中で除去（Eliminate）すべきものは何か、業界標準より縮小（Reduce）すべき要素は何か、業界内で提供されたことのない創造（Create）すべき要素は何か、業界標準より向上（Raise）すべき要素は何かなどのことである。ブルー・オーシャン戦略の成功事例として語られているサウスウェスト・エアーラインの場合、業界標準であった機内食の除去、空港への移動時間や搭乗待機時間の節約などを通じた旅行費用と時間の縮小、機内漫才などによる楽しさの創造、搭乗手続きの簡素化や手荷物運搬効率の向上などが指摘されている。

| 図表2－5　ERCRモデル |

優れた価値の創出と低コストの同時追求

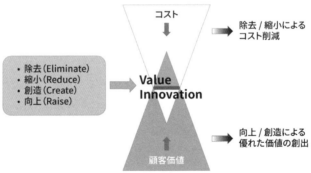

出所：『ブルー・オーシャン戦略』から筆者作成

多くの経営戦略論教科書では、ポーター流の差別化戦略、コスト・リーダーシップ戦略、フォーカシング戦略などをビジネスの「基本戦略」としており、特に、差別化戦略とコスト・リーダーシップ戦略を同時に追求することは禁物であるという。つまり、異なる性格のものにおいて競争優位を追求しているため中途半端になって板挟み（Stuck in the middle）状況に陥ってしまい、一方の優位のみを追求する競争相手に負ける可能性があるとしている。しかし、大きく見ると、コスト・リーダーシップ戦略もフォーカシング戦略も競争相手とは違う価値優位、即ち、＜図2－4＞の消費者余剰（V）の差別化を図るものである。つまり、最終価値とそれを生み出す仕組み、最終コストとそのプロセスなどのあらゆる経営活動において、「差別化」が競争戦略のコアであると言えよう。であれば、企業がこの「差別化」を図るために一番大切なのは、まぎれもなくクリエイティブ・マネジメント（個人の創意性と集団の創造性のマネジメント）であり、この部分に関してはやはり世界で一番創造的な音楽として称されるジャズ音楽から多くのことを学べるはずである。

■ ジャズ音楽の特徴と競争戦略

　では、世界で一番創造的な音楽であるジャズの「ユニークさ」、つまり、「差別化」のポイントはどこからきたものだろうか。以下では、ジャズを他のジャンルの音楽と差別化す

る特徴として言われているいくつかのキーワードをみながら、競争戦略論の観点からの意義について簡単に触れておきたい。

（1）インプロヴィゼーション

　まず、ジャズ音楽の特徴として一番よく語られているのは「インプロヴィゼーション（Improvisation、即興演奏）」である。つまり、ジャズ音楽は、譜面に書かれている通り演奏されるのではなく、演奏者のその場でのインスピレーション（Inspiration）に基づくインプロヴィゼーションを基本としているため、他のジャンルの音楽より創造的であるということである。譜面通り演奏することが常識になっているクラシック音楽に比べて譜面がなくてもその場で素晴らしい音楽を生み出すことが可能なジャズ音楽に、より創造性が必要であろうと、人々は思うわけである。ルールとシステムによる経営と、ルール破壊的な経営のどちらの方がより創造的なのかという認識の問題にも似ている。もちろん自由奔放に演奏しているようにみえるジャズ音楽にも一定のルールというか、パターンはある。テーマ・メロディーとの関連性の維持、ベースやバスドラムなどのいわゆるリズム・セクションの演奏の流れと調和を保つことがそれである。

　ともあれ、このようなジャズのインプロヴィゼーションは、経営の様々な局面で応用できる。まず、考えられるのは、ビジネス上の「関連多角化」というキーワードとの関連性で

ある。今まで多くの企業は関連多角化を通じて成長してきた。一見して既存のビジネスとは全然違う業種に進出して成功しているように見える場合も、コア・コンピタンス[11]（核心力量）の側面から考えると関連多角化であることがよくある。例えば、電動自転車、オートバイなどで成功したホンダが、自動車、農機械、飛行機、ロボットまで制作するようになったのは、彼らの「エンジン制作能力」というコンピタンスをベースにしたもので、関連多角化であるという。既存のビジネスとはあまり関連性がないようにみえる化粧品ビジネスに進出して話題になった富士フィルムも、フィルム産業で蓄積した「抗酸化化合物処理能力」を人間の皮膚老化防止に応用したという点で関連多角化であると言われている。1918年、電気絶縁材料の国産化を目的として出発した日東電気工業株式会社（日東電工）は、今の最終製品だけをみては、もはやどういう業種の会社なのかよくわからなくなるくらい多角化が進んでいる。しかしながら、次の＜図表2−6＞でみるように、その多角化の根底には日東電工自ら基幹技術と称している粘着技術があることは確かである。

　誰でもわかるような外見の関連多角化よりは、目に見えないコンピテンシー・ベースの関連多角化がより創造的に見えるのは当然である。ということで、経営における関連多角

11　コア・コンピタンス（Core Competence）のことで、1990年、ハメルとプラハラードがハーバード・ビジネス・レビュー誌で提示し、広まった概念。競合他社を圧倒的に上回る能力。

化の問題は、ジャズ・ミュージシャンのコア・コンピタンス（個性的な演奏能力）をベースにした予測できないインプロヴィゼーションと同じ世界であると考えられる。

　ここで一つ指摘しておきたいのは、経営のコア・コンピタンスもジャズ・ミュージシャンのそれも、決して一朝一夕で出来たものではないということである。

| 図表2−6　日東電工の関連多角化 |

事業領域	家電・電子機器	自動車	医療	住宅・建設
主要製品	・ディスプレイ用光学フィルム ・モバイル用防水・通気材料 ・半導体製造関連製品 ・各種電化製品内装用粘着テープ	・エンジンシーリング材料 ・補強制震材 ・発泡体用両面粘着テープ	・経皮吸収型テープ製剤 ・創傷被覆材 ・スポーツテープ	・防水及びシーリング材料 ・マスキングテープ ・絶縁材料

複合技術：粘着物性　積層化　剥離　粘着剤制御　光学特性　電気物性　重合　分子シミュレーション　…　非汚染　粘着物性

基幹技術：塗工　粘着　高分子制御

出所: キムウォンソ他(2011)から修正

　インプロヴィゼーションは、一種の応用能力であるが、その応用能力も応用可能な何かがベースにあるときに発揮で

きるからである。つまり、ジャズ・ミュージシャンは、インプロヴィゼーションだからといって、その場で即興的に一つ一つの音を新しく作っていくのではない。前もって練習して体得しておいた様々なコードのパターンなどを演奏曲に合わせて結合、変容させていくのが普通である。経営の多角化も同じく、基幹技術など、長年培ってきたコア能力や組織的ケイパビリティ（Organizational Capability）がないと、多角化に成功できないはずである。

(2) スウィング

　我々は多様な方式でジャズという創造的な作品を楽しむことができる。例えば、インプロヴィゼーションとともにジャズ音楽の本質ともいわれている「スウィング（Swing）」のことを考えると、ジャズ初心者が感じるスウィング感とジャズマニアが感じるスウィング感が違うことがある。何の事前知識がなくても単純に聴いて楽しめる場合もあるし、丹念に勉強をしながら何回も繰り返し聴いてから初めて、その曲のスウィング感を感じる場合もある。
　中国儒学者の朱子は、論語を読む醍醐味について有名な話を残している。まず始めは「得一両句喜：1〜2個の文章を読んで喜ぶ」だが、どんどん「不覚手之舞之足之蹈之：自分も知らないうちに手足が踊る」になるという。知的な喜びもある境地に至ると体の動きであらわれるように、ジャズ音

楽も経営も、知れば知るほど違う次元が見えてくる生き物なのではないだろうか。

　我々は（特に趣味の世界では）普及型製品を使いはじめ、どんどん高級製品に嵌っていくことがよくある。ある特定のマニア向けのユニークな製品が一般大衆に使われるようになったケースもある。イギリスの老舗スピーカーメーカー ATC は、現代的なデザインで勝負する会社ではないが、潤いのある重い中低音という中毒性のある音響的特性で多くの固定ファンを確保している。ATC のスピーカーはその体積をベースにモデルの型番が決まっているが、筆者自身も昔 SCM12 という小型モデルで初めて ATC の世界に入り、SCM20、SCM100、SCM110 に移った経験がある。いずれは SCM300 を聴いてみることを夢見ていたくらいである。単なる製品のラインアップの話に過ぎないかもしれないが、どのような形であれ、レベルを変えて多様な顧客の感性を刺激できるということは大事である。

（3）テンション・ノート

　ジャズ音楽の差別化ポイントとして最初に強調されたのは、シンコペーション（syncopation）である。ジャズ音楽前史によく登場するラグタイム・スタイルの演奏として知られているシンコペーションは、簡単にいうと強弱の拍子を逆転させることである。通常は1番目と3番目の拍子にアクセ

ントが入るが、ラグタイムでは2番目と4番目の拍子の音を強く弾いたわけである。ジャズ音楽のシンコペーションは、こういったリズムの強・弱の交換だけではなく、その拍子の前後にアクセントを入れたり、メロディーをちょっと先駆けて演奏したり、少しずらして演奏したりすることによって、より複雑で「不慣れな感覚」を演出する。この「不慣れな感覚」こそ、ジャズを創造的な音楽として位置づける大きな特徴なのである。

　ビバップ時代には、テンション・ノート（Tension Note）を使って、こういった「不慣れ感」を沢山生み出した。テンション・ノートとは、簡単にいうと安定的でない感覚を生み出す音のことである。ビバップ演奏者たちは、コードの基本音と関連性があまりない音を沢山使うことによって緊張感を誘発し、差別化を図ったのである。

　すでに馴染みのある有名曲をジャズ・ミュージシャンが演奏する場合、メロディー的に何か可笑しいと、我々が不調和感を感じるようになるのは、そのミュージシャンが既存のコード体系にテンション・ノートを利用して曲に様々な変化を与えているからである。

　ここで、注目すべきポイントは、鑑賞者が不慣れ感を感じる根底に、すでに慣れている何かがあるということである。だから、ジャズ・スタンダードがあるわけで、鑑賞者はそのスタンダード曲に慣れているからジャズ・ミュージシャンの不慣れな演奏を楽しめることが可能なのである。つまり、慣

れてないのであれば不慣れ感も感じられないということであるが、これは、別にジャズの世界に限られた話ではない。ビジネスの世界でも差別化やクリエイティブ・マネジメントを考える場合、この「慣れ、不慣れ感」は大事である。特に、競争が激しい分野では、今まで経験したことのない新しい使用者経験、それも、かっこいいと思わせる何かを提供してくれる企業の勝ちになる。iPod や iPhone が良い事例である。当然ながら iPod や iPhone 以前にも mp3 プレーヤーやモバイルフォンなどに馴染んでいる消費者の存在があったわけである。

(4) インタープレイ

ジャズは「個人の音楽であると同時に集団の音楽」である（Berendt、1989）。それは、ジャズが既存のクラシック音楽に比べて非常に自由な音楽であっても、基本的な協演の重要性を忘れてないからである。つまり、個人の創造性だけではなく、集団の創造性が求められるのがジャズ・バンド（ジャズ・コンボ）なのである。もちろん、こういった側面はクラシック楽団やロックバンドも同じだろうが、すでに決まっている楽譜ベースではなく、個人の瞬間的なひらめきや変奏の瞬発力が瞬時に全体と調和をしていかないといけない点では、ジャズ・ミュージシャンの創造性の方に軍配があがる。

一時期流行った経営のキーワードに「真実の瞬間

（Moment of Truth）」というのがある。スペインのマーケティング理論家リチャード・ノーマンが提唱した概念で、闘牛士が最後に牛の頭に刀を入れる決定的な瞬間から出た発想だそうだ。刀を正確に入れると闘牛士も生きられるし、観衆の歓呼を引き出すことになるが、少しでも間違えると闘牛士は死にかかるし、観衆から揶揄される可能性のある瞬間を指す。スカンディナビア航空の元CEOカール・ヤンセンは、店頭の職員と顧客が接する15秒の短い瞬間がまさにそのような真実の瞬間であり、その短い時間の間に顧客の選択が正しかったことを証明してあげないといけないと主張した。全社員が会社の政策をよく理解し、顧客との接点という短い瞬間に各自の専門性や判断力をベースに瞬発力を発揮できるようエンパワーメントすることにより、内部意思決定にかかる待ち時間なしで顧客を感動させるという発想は、その後多くの企業に刺激を与えるようになった。

　ジャズの世界でもハードバップ時代以後は、ビル・エヴァンス・トリオの「インタープレイ（Interplay）」というアルバムで代表されるように、ジャズ・コンボに参加している演奏者がみんなそれぞれの個性を積極的にアピールするようになった。ジャズ・ライブで聴衆の反応を確認しながら瞬時に各自の演奏の流れを変えていくことは、まさに真実の瞬間そのものである。

　以上でジャズ音楽の特徴と言われている幾つかのキーワードをみながら競争戦略論との接点を探ってみた。しかし、この

ような特徴は、別に競争戦略に限定して考える必要はないし、インタープレイのように競争戦略論より組織行動論のテーマに相応しいものもある。また、ここでは、インプロヴィゼーションを大きくみて、ビジネスにおける多角化戦略との関連性について述べたが、小さく見ると、日常的な経営意思決定自体がインプロヴィゼーションである。ということで、次のチャプターでは、まず、ジャズが創造的な音楽として認められている基盤である「ジャズ個性」と、クリエイティブ・マネジメントをベースにした総合的な差別化戦略についてみていきたい。

マネジメント・フォーカス③

★ 戦略 vs. 構造

　経営戦略と組織構造の適合性を維持することは、組織有効性の維持のためにも大切である。経営戦略と組織構造の関係において、何が独立変数で、何が従属変数なのかについては、議論が分かれている。経営者の戦略的選択が組織構造を決定づけるのか、既存の組織構造が経営戦略の制約条件になるのかの問題である。

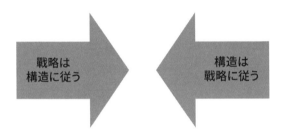

戦略は
構造に従う

構造は
戦略に従う

　「構造は戦略に従う」という議論は、1962 年にチャンドラーによって提起され、長い間、戦略論の大事な命題として一般に受けられた。また、チャイルドは、組織特性は組織内政治的過程を通じて形成される戦略的選択に依存すると言い、組織内権力関係の重要性と状況要素を調整する経営者の役割を強調して、チャンドラーの仮説を裏付けた。しかし、アルドリチは、戦略的選択に関連する経営者の能力には限界があり、経営環境に重要な影響を与える能力は、大規模な組織や政治的連携の良い組織に限定されると指摘し、経営側の自由裁量を重視する議論に疑問を投げかけた。それぞれ妥当性のある議論だが、最初は、経営者の戦略的意図によって変革が起こり、後に構造の力が強くなる可能性が高いかもしれない。

ジャズ・スペシャル③

Moanin'

Art Blakey and
The Jazz Messengers

この曲は、1961年に来日し、日本へジャズ旋風を起こしたと言われているアート・ブレイキーの代表曲の一つである。「モーニン」とは、苦痛や悲しみのうめき声の意味だそうである。実際に聞いてみると嘆きのような切ない感情も確かに感じられるが、ジャズ特有のグルーヴ感から自然と体が左右に揺れていく。特に、イントロと最後の部分でピアノから始まり、サックス、トランペットによって繰り返し演奏されるメロディーは、一度聴いたら忘れ難いほど魅力的なものである。この曲が流行った当時の日本では、蕎麦屋の出前持ちが口笛でモーニンのイントロ部分を吹いていたと言われるくらい人気だったという。

この曲の演奏には、クラブで演奏する途中、34歳の若さで愛人の銃撃により死亡した天才トランペッターのリー・モーガンが参加したことでも有名である。リー・モーガンは、新人アーティスト育成の名手として知られているアート・ブレイキーが発掘し起用した若手アーティストで、多くの名演を残し、将来がより期待される存在であった。アート・ブレイキーは1919年生まれで、1920年生まれのチャーリー・パーカーと同じ世代の人であるが、1990年まで長生きしてパーカー死後にもジャズ史に多くの業績を残した。特に、1950年代後半以降は、フランスでヌーヴェル・ヴァーグ（新しい波という意味）映画サントラに参加したことをきっかけに、世界中を回りながらジャズの世界化に大きく貢献した。

2.3.「ジャズ個性」と差別化戦略

■ 没個性の時代に輝いたジャズ

　20世紀の産業社会は、フォード自動車のベルトコンベヤーシステムが象徴するように、大量生産・大量消費の「没個性時代」である。世界で初めて大工場システムを定着させ、標準化と没個性の時代を主導した米国で、ジャズ音楽のような個性の溢れる自由な音楽が生まれたのはアイロニーだが、極と極は通じる部分があるという意味では必然的だったかもしれない。ビジネス世界でも、今日、世界で一番個性的な企業と言えば、米国のアップルを挙げる人が少なくないはずである。iPod、iPad、iPhone、マックブックシリーズの製品群をみると、誰でもアップルの製品だと認識できるほど個性的である。米国が過去100年間、産業社会を主導しながら没個性の効率性を極限まで追求した結果、その反作用としてアップルのような個性的な企業が生まれたのではないかとも考えられる。

　ともあれ、過去の産業社会の遺産である「効率性」を維持しながらも、個性的で創造的な「効果性」を目指さなければならないという状況が、21世紀の経営の「話頭」[12]であるこ

---

12 仏教（禅宗）の「古則・公安」のこと。祖師の言行を簡潔に記し、仏道修行上の指針手引としたもの。話題。

とに異論の余地はないようである。問題は、どのように組織の中でそれぞれの個性を認知し、それを組織の創造性に繋げられるかということである。ジャズ音楽には、こういった個性と創造性のマネジメントに参考になりそうな多くの示唆点が潜められている。

■ 個性のジャズ

ジャズ評論家の後藤（2010）によると、同じ「音」であってもクラシック音楽とジャズ音楽でその意味はそれぞれ違う。クラシック音楽でヴァイオリンやピアノなどの音が担当している役割は、作曲された音楽を再現させるために楽譜に書かれている音符を現実の音に具現させるための道具に過ぎない。もちろん、演奏家の能力によってその道具の発揮能力は違ってくるが、そのなかでも特定の音が音楽として大きな意味を持っているとは考え難い。つまり、クラシック音楽における音は、あくまでも前後する音との関係性と言える「旋律（メロディー）」、上下音の間の関係性と言える「和声」、そして、それらが融合された音楽の全体構造を構成するための音である。しかし、ジャズでは、極端にいうと、サックスの「プッ」という一つの音だけで十分な音楽的表現になるという。

ルイ・アームストロングのトランペットから出る音は、単純なフレーズであってもそこにルイ・アームストロングという人間の色彩の濃厚な影がある。クラシック音楽でも演奏

者による違いはあるが、それは演奏者の身体によるものであるというよりは、音楽に対する解釈や手法の違いによる結果として現れる。しかし、ジャズ音楽では、音色に対する規範（一般的な意味でのいい音の基準）が存在しないため、ジャズ・ミュージシャンの楽器から出る音色には濃い個性が潜められている。従って、ジャズ音楽では一つの音の音色自体が十分な音楽的表現になるのである。例えば、クラシック音楽では、ハーモニーを破るような極端的に個性的な濁った音色、作品の意図を反映していないような音色などは駄目だが、ジャズ音楽ではその音が魅力的であればどんな音でも許されると言われている。それで、ジャズ・ミュージシャンは、どのようにすれば自分の楽器から魅力的な音を引き出すかに没頭するようになり、その結果として特有の個性的な音色を作り出すことになる。ジャズが世界で一番個性的で創造的な音楽であると言われる所以である。

　では、実際にジャズ・ミュージシャンの個性的な音色は、どのようにして作られるのだろうか。多様な方法がありそうだが、ジャズ評論家たちによると、その究極的な解答は、どうもその演奏者の「身体性」にあるようだ。指紋が人それぞれであるように、人間の身体はそれぞれ微妙に違う。ルイ・アームストロングは、その身体から個性的な音色を作り出す方法を身に着けた最初のジャズ・ミュージシャンとして知られている。トランペットの場合、身体の一部である唇の振動をそのまま拡大する単純な構造であるため、その違いを有効

的に個性的な音色へ反映させる方法をみつけたルイ・アームストロングが、ジャズ・ジャイアンツになったということである。男性的な音色として評価されたコールマン・ホーキンス（1904 ～ 1969、サックス奏者）と、女性的であると評価されたレスター・ヤング（1909 ～ 1959、サックス奏者）は、それぞれ魅力的な個性として認められている。つまり、ジャズ音楽では、「サックスの優秀な音はこれだ」という絶対的な基準が存在しないため、ミュージシャン固有の癖が生まれたが、それについて、規範からの逸脱ではなく、個性として認知されたのがジャズを他の音楽と差別化させた大きな要因なのである。

コールマン・ホーキンス

レスター・ヤング

これは、デューク・エリントンが特定の演奏者個人を想定して作曲したという話にも通じる部分がある。クラシック音楽の場合、モーツァルトやベートーヴェンが各楽器パートを演奏する演奏者個人の顔を浮かべながら交響曲を作曲したとは考え難いため、200年以上過ぎても同じ楽譜で当時とは違う演奏者によって再現することが可能である。しかし、ジャズマンのデューク・エリントンが作った曲はそれができないと言われている。エリントン楽団のメンバーであるジョニー・ホッジス（1906～1970、サックス奏者）やハリー・カーネイ（1910～1974、サックス奏者）などがいなければ、他のバンドがデューク・エリントンの残した楽譜に従って忠実に演奏したとしても、そのサウンドは再生できないという。要するに、デューク・エリントンのジャズは、彼の考え方を描いた具体的なサウンドの設計図になっていて、演奏者固有の音色が重畳されながら生まれる非常に複雑でユニークな音楽であるという。

　ジャズの世界には、「名演はあるが名曲はない」という話がある。ジャズをジャズらしいものにするのは、音楽の様式でも、曲の特殊性でもなく、ジャズ固有の楽器にあるわけでもない。ジャズ・ミュージシャンの個性あふれる音から成るのがジャズ音楽なので、ジャズは作曲家の音楽ではなく演奏者の音楽であるとよく言われている。しかし、だからといって曲に全く意味がないわけではない。よっぽどの天才でない限り、つまらない曲から優れた演奏を引き出すことは難しい

のではないだろうか。なので、自分の個性を最大限発揮できる曲を選択することもジャズ・ミュージシャンの重要な能力である。

■ 組織構成員の個性認知と活用

　ジャズ・ミュージシャンが自分の身体性で個性を作り出しているとすれば、会社員の場合はどうだろうか。他と区別できる異なる何かが個性であるという観点からすると、人は誰でも育ちの環境、経験などがそれぞれ違うため、レベルの差はあるものの、基本的に個性的な要素をもっていると言えよう。問題は、各自の持つ個性を仕事の場面で活かして、ルイ・アームストロングの演奏のように、個性的で創造的な仕事ができるかどうかである。作曲家が提示した標準的な音（譜面、マニュアル）にあわせて演奏しようとする限り、そのような個性は現れ難い。組織の中の個人が自分の経験と専門性を活かして個性的に自己主張をしようとしても、組織が全体の和を重視する雰囲気であれば、やりにくいのが現実であろう。

　では、曲ではなく演奏そのものが重要であるという話は企業のどのような活動に該当するのだろうか。最終消費者に至るまでのサービス構造、脈絡、プロセスの総和、或いはビジネスモデルそのものを演奏として見なすことも可能であろう。しかし、結局のところ、そのようなことが最終製品やサ

ービスに溶解されていない限り、個性的に演奏されたとは言い難い。例えば、ブランド（Brand）というのは、いわば企業の自己主張であるが、消費者がそのように認知してくれないと意味がない。同じく、企業組織の創造的な成果も、やはり個性的な最終製品やサービスを通じて消費者から個性的で創意的なものであると認めてもらわないといけない。ブランド構築のプロセスにおいても、まず、組織のメンバー個々人の経験と専門性という個性的な能力をよく把握し、組織的に活用していくことなど、最終製品やサービスにそれを溶解していくプロセスが必要であることはいうまでもない。

　また後藤（2010）の話だが、ジャズ音楽を聴いてそのリズムのパターンや曲想が気に入って楽しむ段階は、まだ真のジャズファンとは言えないそうである。なぜならば、その段階では、リー・モーガン（1938 〜 1972、トランペット奏者）やクリフォード・ブラウンのソロパートだけを聴いて、彼らの演奏を聴き分けることはできないはずだからだという。

　サックスの場合、音程に少し問題があるとされるジャッキー・マクリーン（1931 〜 2006、サックス奏者）、金属製の響きを特徴とするフィル・ウッズ（1931 〜 2015、サックス奏者）のアルト・サックスのサウンドの違いを見極め、両者に共通するハードバップ・ミュージシャン特有の哀愁に対する微妙な表情まで体感できないとジャズの醍醐味がわからないというのである。もしそれらが識別できれば、新たなミュージシャンの特徴を識別しようと努力するはずで、結果的には好き

なミュージシャンや、そのアルバム購入が増えるはずだという。

　何でもそうだが、ある程度上達するためには、それなりの練習は必要である。ジャズ・ミュージシャンの個性を探るために「聴く」練習を重ねるうちに、好きになることもある。ゴルフなどを学ぶ時に多くの先輩が貴重な経験則で培ってきた基本動作から始めることと同じく、基本ができればその応用ができるようになり、あるレベルに達するとミュージシャンや音楽に対する判断ができる。

リー・モーガン

クリフォード・ブラウン

ジャズ演奏を聴き分ける耳を持つファンの間では、好きなミュージシャンは違っても、特定の演奏の評価にはそんなに偏差がないとも言われている。創造的な成果を期待する企業組織のマネージャーは、こういった「ジャズ耳」のようにメンバーの個性を見極め、判断できる能力を備える必要があるのではないだろうか。

■ ビジネス創造性とそのマネジメント

　科学技術の発達により今の世の中には利便性の高い道具やスマートな「モノ」が溢れている。多くの企業は、どうすれば競争相手と差別化できる商品やサービスを生み出し、消費者から選択してもらえるか必死で努力している。差別化に役に立つのであれば、猫の手も借りたくなる状況であろう。この差別化の問題と関連して近年話題になっているのが「創造性の経営（Creativity Management）」である。ハーバード・ビジネス・スクールのアマビール（1998）によって触発された「ビジネスにおける創造性」のイシューは、今現在、様々な経営の現場で大きなチャレンジになっている。

　アマビールによると、ビジネスの世界において求められる創造性は、芸術の世界の独創性とは違う。ビジネス創造性は、適度な利便性を有し、すぐ実行に移せるもので、品質の向上やプロセスの革新など、ビジネスのやり方に具体的に影響を及ぼすものでなくてはならない。多くのマネージャーは、

創造性を、人が問題に対してどのように新たなアプローチを
とるかといった、人間の思考方法ととらえているが、実際に
は、創造的思考は創造性の一つの側面に過ぎず、他にも専門
性・専門能力とモチベーションという2つの側面があると指
摘されている。

　「専門性・専門能力」とは、一言で言えば知識であり、こ
れには技術的な知識、手続きに関する知識、知的な知識がある。
創造性に大きく関わる「モチベーション」は、金銭的報酬の
ような外的要因ではなく、内なる情熱で、仕事の環境によっ
て最も直接的に影響を受けやすいものである。「創造的思考ス
キル」は、人がフレキシブルに創造的に問題へアプローチで
きるかを決定するもので、この能力は、すでに存在している
アイデアをもとに、それらをどのように新たに組み合わせる
ことができるかにかかっている。そしてこの能力は、人の思
考スタイルや仕事への取組み姿勢などと同様に、パーソナリ
ティによって左右されるものである。

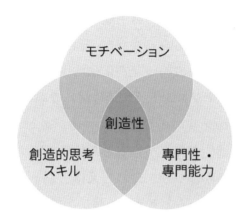

出所：アマビール（1998）

　アマビールのいう専門性・専門能力と創造的思考スキル
は、ジャズ・ミュージシャンの個性的演奏にも欠かせない部
分で、企業組織構成員の個性的な仕事処理にもつながる話で
ある。企業組織の中でマネージャーは、この創造性の３要素
すべてに大きな影響を及ぼす存在であるという。組織創造性
に関連して特に重視すべきなのは、仕事の環境によって最も
直接的に影響を受けやすいものとされるモチベーションの問
題である。

　ジャズの世界でも経営の世界でも、創意性は差別化のた
めに重要な課題である。差別化の問題は、競争戦略論の基本
的なテーマであり、他にもコスト・リーダーシップ戦略とか
集中化戦略などに関する議論もあるが、それらも結局は差別

化戦略に繋がっている。差別化戦略は、コア・コンピタンスをベースに創意性を重んじる組織風土のなかで実現できる部分もあり、事業戦略など経営全般に関わる問題でもある。次の＜図表２－８＞からみるように、経営の様々な領域で創造性を引き出し、競争に勝つ差別化に活用していくことがクリエイティブ・マネジメント（創造経営）であると言えよう。

　こういったクリエイティブ・マネジメントは、やはり、世界で一番創造的な音楽であると評価されているジャズ音楽から学ぶところが多いが、逆に言えば、ジャズの世界にも経営の原理が働いていると考えても良いのではないだろうか。

| 図表2－8　差別化の戦略的イシュー |

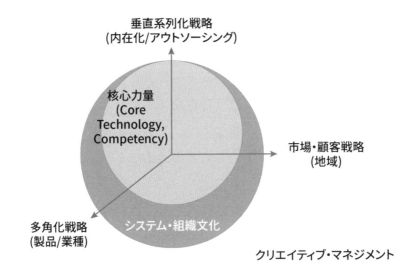

マネジメント・フォーカス④

★ 人的資本 vs. 社会的資本

人的資本（Human Capital）という用語は、ゲーリー・ベッカーの人的資本論で馴染みのある方が多いだろう。近年、人事組織マネジメントと関連して、SNS の普及とともに重視されているのは、社会的資本（Social Capital）の話である。

人的資本	社会的資本
①学歴 　(Education) ②年功(Tenure) ③職場内訓練 　(OJT)	①ネットワーク強度 　-親密度、連帯感など ②構造的特徴 　-集中、分散構造など

今までの企業は、教育水準や経験年数など、個人の資本財としての特性（個性といってもいいが）に注目すればよかったが、これからはそれだけでは足りないということである。IoT やビックデータなどの技術進化により、あらゆる場面で人間の行動を分析することができるようになったからである。つまり、「IT バッジ」みたいなものを使って実験してみた結果、人間のバイオデータはもちろんのこと、個人がどのような人間関係のネットワークに参加しているのか、どのような状況におかれているのかなどが、組織の中でのパフォーマンスと重要な関係にあることがわかったのである。ということで、これからは、企業が従業員だけではなく、従業員の社会的ネットワークまでマネジメントしないといけない時代になっている。

Strange Fruit

Billie Holiday

　1939 年の作品で、過激な歌詞の内容を理由に、メジャー・レコード会社から拒否され、結局インディ・レーブルで録音して大ヒットした曲である。歌詞を吟味しながらビリー・ホリデイの歌声でこの曲を聴くと、当時の米国社会で差別の対象になっていた黒人の静かな魂の絶叫が聞こえるようである。差別が酷かった南部のポピュラー木にぶら下がっている黒人死刑囚の死体を奇妙な果実だと称しながら、その生々しい情景をソウルフルに歌ったのが、多くの人の琴線に触れたのである。

　1915 年ニューヨーク生まれのビリー・ホリデイは、その強烈な生い立ちが歌のなかで表現されていることで有名である。ビリー・ホリデイは幼い頃からルイ・アームストロングやベシー・スミスの歌を聴きながら育ち、買春や麻薬で逮捕されるなど、波乱万丈の人生を送った人だが、ジャズマンの間で音楽的に認められた数少ない女性ヴォーカルの代表でもある。ビリー・ホリデイは、インストルメンタルのアドリブと同じく、オリジナルメロディを超えた新たなフレージングを自ら作り出して歌うという、当時としては斬新な唱法で、スキャット入りの歌を得意とする他のジャズ・ヴォーカルとは一線を画した存在になった。ビリー・ホリデイは非常にユニークな濁った歌声の持ち主なので、好き嫌いはあるだろうが、お酒好きで孤独に慣れている者には良きパートナーである。

第3章

ジャズ for 組織・人事マネジメント

3.1. インプロヴィゼーションと構造化（制度化・システム化）

■ 組織の構造的次元

　とある企業で、優れた戦略的意図をベースに申し分ないビジネス戦略が上手く作られたら、次の手は、戦略適合性のある「組織化」と、それに相応しい資金や人的資源など経営リソースの確保である。後ほどみるように、組織化の基本原理は「分業と調整」で、その形は、外部の環境、経営者の意図や戦略、長年組織の中で受け継がれた伝統や慣習によって様々である。組織の目標や戦略を効率的、かつ効果的に達成できる組織作りは経営者の責務である。当然ながら経営者の組織に対する理解が足りないと戦略適合性のある健康な組織は作れない。

　現代社会をいきる我々は、組織の中で生まれ、組織の中で死ぬことになる。つまり、我々を取り巻く組織は、空気のような存在であるため、我々がその実体を認識することは簡単ではない。では、いったい組織とは何か。組織は、企業だけではなく、政府機関や非営利組織など、多様な姿で存在しているが、その属性には幾つかの共通点がある。Daft など (2017) によると、組織 (Organization) は、①社会的存在 (Social entities) で、②目的性を持って、③構造化・調整された行動システムとして、④外部環境と緊密に繋がっている。つまり、

組織は、組織に参加する人々の相互作用のパターンによって定義される社会的存在であり、個々人の力では達成できないことを、他人と協力して達成しようとする集団である。組織を理解するためには、我々人間の性格や特性のような組織デザインの次元（Dimensions of Organization Design）を知ることが重要である。この組織の次元には、次の＜図３−１＞でみるように、「構造的次元（Structural dimensions）」と「文脈的次元（Contextual dimensions）」関連の要素がある。

| 図表3−1　組織の構造的次元と状況的要素間の相互作用 |

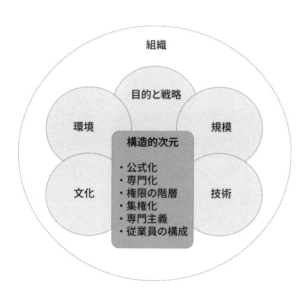

出所：Daft, Murphy & Willmott（2017）

企業は、それぞれ置かれている立場からこのような要素を考慮し、組織をデザインすることになるが、経営者による組織の設計方式や組織構成員の組織行動パターンによってその組織の効率性と効果性は大きく違ってくる。

■ インプロヴィゼーションとその落とし穴

　前節で、ジャズ音楽の大きな特徴の一つとして「インプロヴィゼーション」を取り上げ、主にビジネスの関連多角化に結びつけて考えてみた。しかし、インプロヴィゼーションは、関連多角化のようなビジネスの側面ではなく、むしろ日常的なマネジメントの現場でよく活かせる重要なコンセプトでもある。変化する経営環境に合わせて、経営者は常に自分の意思決定を見直さないといけないし、実務担当者も常に変わる状況のなかで自分の仕事のやり方やペースを調整していかなければならない。まさにジャズのインプロヴィゼーションみたいなことが必要な毎日であろうが、だからといって、何もかもインプロヴィゼーションでいいわけではない。継続的で、堅実な経営を目指すのであれば、あるレベルの組織構造化と、組織構成員の誰もが守らないといけない一定のルールが必要になる。それは、ジャズ・ミュージシャンがバンドのメンバーたちと連携して素晴らしいインプロヴィゼーションを行うため、「グラウンド・ルール」のような基本的約束を守ることと同じである。以下では、具体的な組織構造化の問題を考え

ていく前に、ジャズにおけるインプロヴィゼーションの特徴をもっと詳しくみていきたい。

　初期ジャズの形成に大きく影響を与えたと言われているラグタイムの演奏者（ピアニスト）たちは、おそらく、クラブなどで同じ音楽を長く演奏していたはずである。同じ音楽を繰り返し演奏するうちに楽譜がなくても演奏ができるようになり、多分、退屈にもなったのだろう。あるレベル以上の演奏者であれば馴染みのリズムとメロディーを演奏しながら即興的に新しい部分を追加したりしてその退屈さを凌ぐことができたと考えられる。目を閉じて演奏できるくらいの馴染みの曲であれば、その曲の全般的な構造が頭の中にあり、曲の流れを阻害しない範囲で変則的な演奏ができたはずである。

　一方、ニューオーリンズ時代のジャズ・バンドの場合、当時、流通されていた楽譜そのものが、バンド向けとしては不完全であったため、即興演奏は必然的だったのではないかと考えられる。曲の基本的なメロディーライン以外に、楽器ごとに役割を分配する体系的な編曲が存在しなかったため、テーマ・メロディーを演奏するコルネットに合わせて、クラリネットなどの他の楽器が各自の音域で即興的に適切だと思われるメロディーを入れたのが当時のインプロヴィゼーションの実状だったのではないだろうか。要するに、何か新しいものが生まれる背景には、「仕方なく何とかしないといけない状況」や「ルーティン作業凌ぎの遊び心」みたいなことがあるのではないかということである。

即興演奏といってもすべてがその場で新しく作られた音楽ではない。多くの場合は、演奏者たちに馴染んでいる曲の構造を拡張させていく方法によるものであり、一定の制約条件の下で行われるのが普通である。一般的にジャズ・ミュージシャンの即興演奏のための練習は、多様なコード進行[13]のパターンを想定し、そのコードを構成する音を持って即興的に演奏を進めていく形だと知られている。実際の演奏では、前もって練習しておいたコード進行のパターンを曲に合わせてその組み合わせを変えていくことになる。従って、事前に相当の練習を通じて様々なコード進行のパターンを身につけた演奏者は、初めて演奏する曲であってもすぐに他の演奏者に合わせて即興演奏ができるようになる。もちろん、即興演奏とは言え、何でも演奏者が自分勝手に演奏していいわけではない。曲に起承転結があるように、自分の即興演奏のなかでもある種のストーリー・ラインを作らなければならない。如何にして素晴らしいストーリーを作り出すかが演奏者の実力であるとも言われている。

　コードとは、「ド・ミ・ソ」みたいに、ある基本音をベースに他の音を垂直的に積み立てて作ったものである。チャーリー・パーカーに代表されるビバップ時代の即興演奏の多くは、このコード体系の変形を通じて行われた。コード体系に

13　異なった特色を持つコード（和声）を並べて、1つの流れを出したもの。

変化を与えることは、既存メロディーのコードをそのまま使用しながら「テンション・ノート」を追加したり、既存コードの代わりに類似した他のコード（代理コードという）を使用したりすることである。テンション・ノートが一つのコードに緊張を誘発するものだとすれば、代理コードの使用は曲の進行に緊張感を与えることになる。ビバップ時代にはこの即興演奏の部分が行き過ぎてしまい、原曲が何なのかよくわからないくらいになったため、一部の演奏者たちはわざと原曲のメロディーを挿入することもあったという。

　マイルス・デイヴィスなどは、このコード体系の変形からもう一歩進み、既存の長調、短調などの音階（Mode）までを無視した独自の音の配列体系を考え、即興演奏に活用した。「ド・レ・ミ・ファ・ソ・ラ・シ・ド」の全ての音を基本音「ド」のように使えば、7個の基本音を持つ新たな7個の音の配列が可能になるという考え方である。このような考え方を通じてジャズ・ミュージシャンたちは、コード進行という拘束（制約条件）から解放され、より自由な即興演奏ができるようになったのである。いわゆる「モーダル・ジャズ」の誕生である。コード体系を変形させるビバップ演奏者たちが垂直的で不連続的なコードをイメージしながら演奏をしたとすれば、モーダル・ジャズの演奏者たちは水平的に進行される音階の構成音を考えながら演奏をしたと言える。

　一見すると、原曲のテーマ・メロディーやリズムによる拘束がほとんどなくなり、あらゆる音が許容されるモーダル・

ジャズやフリージャズの方が、コード重視のビバップやハードバップ時代に比べて、より即興演奏がしやすいようになったのではないかと考えられる。しかし、コード体系のような制約条件がなくなったことは、その分、演奏者の独自の並々ならぬ想像力を要求する。曲の雰囲気を想定することができ、曲の展開方向を決めてくれるコードの役割を無視しながら演奏をすると、聴衆の共感を引き出すことが難しくなるからである。ある程度下書き（デザイン）されているところに色付けだけをすることと、何も書かれていない白紙に絵を描くことを考えてみると良い。想像力の乏しい演奏者たちに与えられたコード体系からの自由は、演奏の陳腐さに繋がり、失敗に終わる可能性が高くなる。つまり、優れたジャズ・ミュージシャンになるためには、普段からストーリーを構成する多様なパターンを準備しておくトレーニングが必要であり、それを即席で変形させ自由に使用できる境地に至るまでの熟達が必要だということである。これは、コア・コンピタンスを揃えること、また、経営の現場で実務担当者がそれぞれの専門性を高めるために努力することという、経営の多角化において既存ビジネスの破壊と応用の前提と変わりはない。

では、経営現場の場合、ジャズのインプロヴィゼーションみたいなことを限りなく求めて良いのだろうか。もし、企業の中で、組織の公式的な構造や組織の中のルールについて、組織構成員の創造性やイノベーションを妨げるものだと考え、無視する雰囲気が支配的になるとどうなるのだろうか。これ

について、ショーナ・ブラウンとキャサリン・アイゼンハート（1998）は、「カオスの落とし穴」と言い、次のような3つのシグナル(警告信号)が存在することを指摘したことがある。

　第一は、「規則を破る組織文化」で、この種の落とし穴に嵌る企業は、極端へと走る自由をほしがる人材が多く、そうした組織は定められている規則を破ることを許容するだけでなく、むしろそれを奨励するようになる。

　第二は、「組織構造がルーズ」であることで、それらは、受益などの重要な目標に対する責任が不明確であったり、優先順位が曖昧であったり、締切り期限に遅れたり、指示がはっきりしないといった形であらわれる。

　第三は、「混乱したコミュニケーション」で、組織の中で非常に大量のコミュニケーションが発生しながら、どういうわけか誰も実際には何が起きているかを明確に把握していない状況になる。要するに、組織の中のインプロヴィゼーションはプラス面ばかりあるのではないということになるが、以上の内容をまとめたのが＜図表3－2＞である。

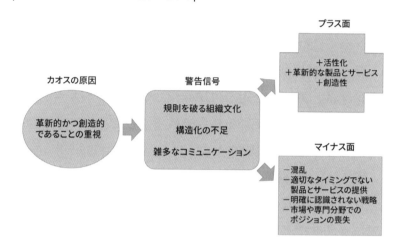

プラス面

カオスの原因

警告信号

＋活性化
＋革新的な製品とサービス
＋創造性

革新的かつ創造的
であることの重視

規則を破る組織文化

構造化の不足

雑多なコミュニケーション

マイナス面

－混乱
－適切なタイミングでない
　製品とサービスの提供
－明確に認識されない戦略
－市場や専門分野での
　ポジションの喪失

出所：Brown & Eisenhardt(1998)

■ 専門性の確保とグラウンド・ルールの見直し

　認知心理学で「10年法則」あるいは「1万時間の法則」
と言われるものがある。ある分野で専門性を獲得するために
は、最小限に10年以上の努力が必要だということであるが、
そのような時間は、多くの場合、有史以来その分野の専門家
たちが蓄積してきた既存文法（または文脈）に馴染むプロセ
スである。我々に創造的な音楽を提供してくれる優れたジャ
ズ・ミュージシャンたちは、そのような努力を通じて誕生し
ただろうし、企業の創造的な成果も、組織構成員たちの長年
にわたる努力を通じて専門性（コア・コンピタンス）が確保
され、可能になったと考えられる。
　既存文法の不完全性から生まれたインプロヴィゼーショ

ン、そして、既存のルール破りのジャズ演奏史関連の話もしたが、だからといって、創造的なアウトプットのためなら過去の遺産をすぐに否定して良いわけではない。ある組織が全体としての組織力ではなく、組織構成員の想像力だけに頼って勝負しようとする場合、「構造化」の問題のため、成長していくうちに必然的に限界が現れる。「規則破りの経営」か「制度の中の自由を促す経営」かの問題は、経営者の持つ「フレーム」に関わる問題かもしれない。しかし、いくら創造経営が求められる時代とはいえ、無条件的な規則破りは真の創造経営に繋がらないだろう。自由奔放であるようにみえるモーダル・ジャズでも「同じキーの連続使用禁止」などのグラウンド・ルールはあると言われている。モーダル・ジャズは、その複雑性から創意性を発揮しやすいかもしれないが、構造化されてない組織と同じく、混沌状況に陥る可能性もある。また、複雑すぎて一般の人には理解されにくい構造なので、より納得できる何かが必要になる。メイカーが誇りをもって出した製品であっても市場から無視されるケースはいくらでもある。

■ 適当な構造化と戦略的意図

　経営においてジャズのインプロヴィゼーションみたいな活動を上手く機能させるためにはどうすれば良いのだろうか。まずは、「カオスの落とし穴」と言われている事項について、適切な対応をしていくことが考えられる。変化に適応可能な組織

文化を作ることに努力したり、官僚主義に嵌らないように適当なレベルの構造化を実現させたり、組織コミュニケーションの活性化を図ることなどがそれに当たる。しかし、当然ながらそれらはそれぞれの組織が置かれている状況によって具体的な施策が違ってくる。また、その組織のリーダーのリーダーシップが問われる側面もある。従って、普段から変化する経営環境に合わせて破るべきルールは何であり、本当に守るべきグラウンド・ルールは何なのかを見極める努力を重ねる必要がある。また、組織構成員の専門性を高めながら臨機応変に対応できるリーダーシップや組織能力を構築していくことが課題になる。

　もう一つの方法は、戦略的意図（Strategic Intent）を明確にし、組織の隅々までそれを徹底していくことである。HamelとPrahalad（1989）は、戦略的意図について、自社が希望する指導的な地位を想定し、そのため何をどのようにすべきかを測定する基準を設定することであると定義した。例えば、コマツがキャタピラーを、キャノンがゼロクスを、ホンダがフォードを打倒するという、従業員の誰でも分かりやすい宣言のことである。もちろん、プロパガンダに終わってはだめで、①勝利の本質に組織の関心を集中、②組織の目標に対する価値観を伝達し、社員たちを動機付ける、③個人とチームが貢献する余地を残す、④環境の変化によって新たに業務を再定義し、戦略的意図に対する熱意を持続させる、⑤経営資源の配分指針として常に戦略的意図を活用することなども提示している。

マネジメント・フォーカス⑤

★ 計画 vs. 行動

　計画優先か、行動優先か。表面的には経営者のリーダーシップ・スタイルによって現れる場合が多いが、従業員の立場からすると悩みの源でもある。サントリーには「やってみなはれ精神」があると言われているが、だからといって計画が無視されても困るのである。この問題について社会心理学者のカール・ワイクは、面白い例話を提示した。アルプス山脈で遭難した一群の部隊が、ある兵士の持っていた地図を頼りに無事帰還したが、それは、アルプスではなくピレネー山脈の地図であったという。それ以来、経営学の立場からも様々な解釈がなされた。その一つが、「トライアル＆エラー」論で、事前計画や、精密な分析なしでも、直観的選択によって試行錯誤を重ねていくうちに目標に到達できるという議論である。特に、変化が激しくて、アジリティのような第三世代スピードが要求されていると言われる今の時代に相応しい解釈かも知れない。

 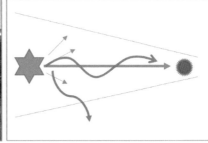

　もちろん、トライアル＆エラーを最小化することは大事であり、そのためには事前計画が重要であることはいうまでもない。

Modern Jazz Quartet

この曲が含まれている「ブルース・オン・バッハ」という音盤には、クラシックの巨匠バッハのコラール、フーガ、平均律などから5曲、モダン・ジャズ・カルテット（MJQ）のオリジナル4曲が交叉しながら我々を楽しませてくれる。

　1952年に結成されたMJQは、元々ディジー・ガレスピー楽団のメンバーだった演奏者たちがピアニストのジョン・ルイスを中心にバンド内のバンドとして発足したジャズ・コンボである。他のジャズ・バンドがメンバーの入れ替えを頻繁に繰り返したことに対して、MJQは20年以上にわたり不動のメンバーで維持されたことでも有名である。MJQは1974年に1次解散したが、1980年代になってから再結成し、40周年を祝うまで活動を続けた。

　MJQのリーダー格のジョン・ルイスは規律正しいクラシックの手法をジャズに取り入れようとしたことで有名である、これについてメンバーのミルト・ジャクソンは次のような話を残している。"MJQでの演奏は束縛されることが多いんじゃないかって訊かれるけれども、僕は思い通りに自由にプレイしている。MJQを始めた頃は、最初から音楽をきちんと組み立てるのはまずいと思ったけど、今はプラスに考えている。全く自由だと思えば規律はかえってプレイの助けになるんだ"（ライナーノーツから部分引用）と。まさに、制度やルールの中の自由を感じさせる話である。

3.2. ジャズ型組織、オーケストラ型組織

■ 官僚制（機械的）組織と有機体組織

　20世紀初の大工場体制の普及に伴い、テイラーリズムのように、組織をもっと効率的に、よくまわる機械のようにしようとする思惟体系が生まれた。階層的で官僚主義的な組織設計方式が考案されたのである。現代のほとんどの組織の中には、マックス・ヴェーバー（ドイツ政治経済社会学者、1864～1920）が提示した官僚制（Bureaucracy）組織の基本概念が溶け込まれていると言っても過言ではない。官僚制組織とは、基本的に特定の目標を達成することを前提にその手段が動員される合理的な組織である。まるで上手くデザインされた機械のように遂行すべき特定の機能や役割が与えられていて、その機械の全ての部分がそのような機能を最大限遂行することに貢献するような組織の類型である。そういった観点で官僚制組織と類似した組織を機械的組織として再定義したトム・バーンズ（米国社会学者、1913～2001）などによると、機械的組織では経営陣が対処すべき問題や課業が専門家の領域に分割され、各個人は自分に与えられた明確に定められた課業を遂行する。コントロールのための明確な階層秩序が存在し、組織全般にわたる知識とその整合性に対する責任は階層秩序のトップである最高経営者に帰属する。

　しかし、このような機械的な官僚制組織は、変化が激しく、

組織が経験してなかった問題が起こり、既存の専門家たちに役割を配分することが難しい不確実な経営環境の下では、そのまま維持することが困難であることも事実である。環境の変化による新しい問題に対応できるように個人の課業が絶えず調整されなければならないし、階層秩序による命令や指示ではなく、専門家による情報の伝達と助言が有機的に行われなければならないからである。トム・バーンズらはこれを有機体組織で解決できると考えたが、その究極的な形はジャズのインタープレイのようなものであると考えられる。つまり、組織の構成員が専門性を十分に備えて、それぞれ各自の個性を発揮しながら他のメンバーの活動に同時的に反応する有機体としての組織の様子である。言い換えれば、組織構成員全員がリーダーであると同時にフォロワー（follower）であって、各自の卓越した専門性に基づく同時的で、絶えないコミュニケーションがこのような組織を維持する基盤になる。

　近年、第4次産業革命と言われている情報技術の急激な進化をベースに、組織の在り方についても様々な考え方や取り組みが登場している。上司のない組織（Bossless）として有名なモーニング・スター社や、自ら進化する自律経営を標榜しているザッポス社のホラクラシー（Holacracy）組織などはそのいい事例である。上司のない組織では誰も指示をしないので、管理者への報告責任はなくなり、顧客とチームに対する説明責任（Accountability）だけが残る。一方でSNSやAIなどの進化は、既存のマネジメント方式を根本から揺る

がしている。もう、組織内のメンバーのみを念頭に置いた組織管理は意味がなくなっている。組織の内外を問わず、全世界の誰とでも手を組んで仕事ができるような時代になったからである。もちろん、その前提は、メンバーそれぞれの専門性にある。分野を問わない専門家同士で臨時的なプロジェクト組織を作り、互いに助け合いながら進化していく仕組みは、ジャズ・バンドのインタープレイに他ならない。

■ ジャズ型組織とオーケストラ型組織

ドラッカーが知識社会の組織モデルとしてオーケストラ型組織のコンセプトを提示して以来、しばらくオーケストラという専門家集団の高度なコミュニケーションと組織力にフォーカスが当てられ、芸術家集団であるオーケストラが企業の目指すべき未来型組織モデルとして評価されたことがある。一方、1人の指揮者が全体を統率するオーケストラの特性に疑問を持つ人たちも現れた。経営環境の激変に伴い不確実性がますます高くなっていく時代に、すでに決まっている譜面とおりに演奏をするオーケストラは、現代企業の組織モデルとしては相応しくないという意見である。つまり、既存の慣行と秩序に拘らず、予期せぬ状況に合わせて迅速な行動が要求されるこれからの時代には、オーケストラ型組織ではなく、ジャズの即興演奏のように動く組織がより適切であるということである。

（1）オーケストラ型組織の特徴

　ジャズ型組織を考える前に、まず、オーケストラ型組織のことを整理しておきたい。近年、ドラッカーの議論をベースにオーケストラの組織論を書いた山岸（2013）によると、オーケストラには次のような特徴がある。

　第一に、オーケストラの個々の楽器が多様で、それぞれが自律的であることである。オーケストラのメンバーであるホルン、ヴァイオリン、フルートは楽器の仕組みが違うので音域や音色が異なる。音を出す仕組みが違うと、指揮者の指示を認識してから実際に音が出るまでにかかる時間も違う。それぞれの楽器は、得意な分野も異なる。たとえば、ヴァイオリンは管楽器と違ってブレス（息継ぎ）がないので、長く持続する音は管楽器よりも得意である。作曲家は各楽器に違った役割を与え、それぞれの楽器が自律的に演奏し、総体としての音楽が形づくられる。このような山岸の説明からすると、オーケストラも組織なので「分業と調整」という組織編成の基本原理が働くのは当たり前であるが、それに加えて組織の中のダイバーシティがしっかりマネジメントされているような気がする。

　第二は、オーケストラの指揮者は成果を上げるための機関ではないということである。オーケストラの指揮者は、各楽器について詳しく知っていて、実際には演奏しないものの、どうすればそれらの楽器がよりよく演奏に貢献できるかを知り、具体的な指示ができるという。このような話を企業のマ

ネージャーに喩えてみると、典型的な管理者のイメージである。但し、指揮者は所謂「プレイング・マネージャー」ではないので、中間管理職ではなく、最高経営者（CEO）か、大手企業の事業部長クラスであると考えられる。

　第三は、オーケストラは「情報化組織」だということである。情報化組織の特徴として挙げられたのは、①ミドル・マネジメントの不要化、②トップダウンではなく自律的な責任によるコミュニケーションに基づく組織、③強いリーダーシップなどである。情報化組織では、中間管理職は単なる情報のブースター（増幅器）に過ぎないので、中間管理職の多くは不要となり、組織はよりフラットになる。そして、この組織に属するものは、権限でなく情報によってお互いにお互いを支えていくというイメージである。情報化組織では、各個人あるいは各部署が目的、優先順位、相互の関係、コミュニケーションなどに対する責任を負うときのみ機能する。また、情報化組織は寛容な組織ではなく規律あるもので、情報化組織には強く決定的なリーダーシップが求められる。一流のオーケストラでは、指揮者は例外なく、想像を絶するほど厳しい完全さが求められる。そして、一流の指揮者の必要な能力とは、末席の最も未熟な奏者をも、まるで彼らの各楽器のほんのわずかな伴奏部分の演奏によって全体の出来栄えが決まるかのように演奏させる能力である。山岸は、こういった情報化組織の議論を踏まえた上で、「情報とデータの関係」を「音楽と音の関係」に喩えている。ドラッカーは、データ

の分析と判断によって意味と目的が付加されたものが情報であると言ったが、音をデータ、音楽の意味を情報とすれば、オーケストラの行う演奏という作業の成果は、情報化組織のもたらす成果だと言えるという話である。

　また、明確で共有可能なルールである楽譜に書かれた音の意味を分析し再現することには高度な専門性が求められるというが、これは、企業のマニュアルに基づいた仕事の処理プロセスに似ていると考えられる。つまり、マニュアルに書かれていない暗黙知を備えた人がその仕事の専門家として活躍することと同じ話なのである。

（2）ジャズ型組織の特徴

　では、ジャズ型組織の特徴には何があるのだろうか。バーナードは「共通目的、貢献意欲、コミュニケーション」を組織の構成要素としてあげたが、ジャズ・バンドも組織である以上、そういった側面を持っているはずである。

　まず、オーケストラの目標が楽譜に書かれている作曲家のビジョンを具現することにあるとすれば、ジャズ・バンドの目標は、曲に組み込まれている作曲家のビジョンや意志を再現することではない。演奏者の個性や創意性に基づくインプロヴィゼーションを通じて、既存の音楽とは差別化されたブランド・ニュー（Brand New）音楽を生み出すことが最終的なゴールになる。ドラッカー式にいうと、オーケストラも

ジャズ・バンドも最終目標は顧客の感動を引き出すことになるだろうが。

　ともあれ、組織論の観点から見ると、即興性は、直観に似ている。ミンツバーグ（1994）によると、マネージャーは認知面での違いがある。一方は左脳に関係する分析により傾いており、他方は右脳とより密接に関係する直観に傾いている。直観的な人間は、考えることがあるとしても考える前に行動をする。分析は、直観に比べると時間がかかり、コストもかかるが、直観の投資費用ははるかに高い。ある問題に対する深い知識を持っていなければ、直観は機能せず、直観を効果的に機能させるためには、長い年月を必要とするからである。半面、優れた分析は、賢明な分析者が優れたハード・データを入手することができさえすれば、それを利用できる。このようなミンツバーグの話からまず考えられるのは、譜面通りに演奏するオーケストラも、譜面よりはインプロヴィゼーションを大事にするジャズ・バンドも並みならぬ専門性が求められるということである。

　次に、貢献意欲と関連性があると思われるジャズのキーワードは「スウィング」である。ジャズ音楽において「スウィングがなければ意味がない」ことと同じく、目には見えないが企業組織を特徴付けるのは組織文化である。スウィングする組織という表現が可能であれば、そういった組織は、世

の中で言われている GPTW（Great Place To Work）[14] に違い
ない。スウィングする組織であれば、1＋1＝2ではなく、3、
4の成果も出せる組織力を発揮できる。ミンツバーグは、戦
略には実行された戦略と実行されなかった戦略、また、当初
は計画されなかったが、途中で出来上がった創発的な戦略が
あると言ったが、実行されない戦略や創発的戦略のことに大
きくかかわっているのがこの組織文化であると考えられる。

| 図表3－3　戦略の実現と組織文化 |

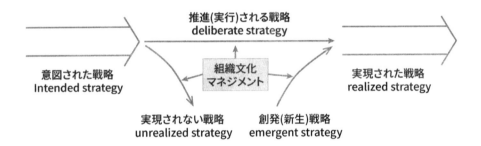

出所: Mintzberg & McHugh（1985）から修正

---

14 1984 年、ロバート・レベリングなどによって開発された組織診断
インデックスで、米国の Fortune 誌が毎年ランキングを発表するこ
とにより世界的に普及された。 日本では、「働きがいのある会社ラ
ンキング」として知られている。

最後に、組織として組織力を発揮するには当然ながら円滑なコミュニケーションが必要である。ジャズ・バンドのコミュニケーションの特徴は「インタープレイ」にあると考えられる。組織論でコミュニケーションは、トップダウン、ボトムアップ、ツーウェイ・コミュニケーションなどの形で行われると議論されてきた。ジャズ・バンドのインタープレイはこういった側面をすべて含めた「マルチウェイ・コミュニケーション」であると言える。

　オーケストラとジャズ・バンドが以上のような組織的特徴をもっていることを考えると、オーケストラ型組織は、未来型組織というより、現在の「事業部制組織」の形に当てはまる。また、ジャズ型組織は、具体性のない漠然とした目標をもっているチームや研究開発プロジェクト・チームなどの「チーム制組織」に適している。つまり、現代の企業なら、オーケストラ型組織もジャズ型組織もともに追求しないといけないのである。以上のような内容をまとめたのが次の＜図表3−4＞である。

■ オーケストラ・ジャズ型組織の融合

　オーケストラ型組織の持つ情報化組織としての特徴からみると、確かに官僚制組織とは一味違う部分がある。しかし、「ルールに基づいて計画的にやる ＝ 譜面通りに演奏する」という側面を考えると、やはりオーケストラ型組織はマニュア

ル・ベースで動く大きな組織に適用されやすい。

| 図表3-4　オーケストラ型組織とジャズ型組織の特徴 |

	オーケストラ型	ジャズ型
目標	当初計画の実現（楽譜とおりの演奏：作曲家のビジョン）	創発戦略の重視（即興演奏による差別化）
貢献意欲	全体のハーモニー（歯車のような役割分担）	個人の個性と全体の調和（演奏者各自のスウィングを重視）
コミュニケーション	ツーウェイ・コミュニケーション	マルチウェイ・コミュニケーション（インタープレイ）
リーダー像	マネージャー	プレイング・マネージャー
統制	ルールとシステム	臨機応変
適応可能性	事業部制組織	チーム制組織

オーケストラ

ジャズ・バンド

もちろん、大きい組織も情報をベースに有機的に動くケースもあり得るだろうから、「有機体的組織 = ジャズ・バンドみたいな小規模組織」とは言い切れない。しかし、ジャズ・バンド型の組織モデルは目的や状況によって自由自在に動くチーム組織に適していることも確かである。というより、そもそもチーム組織は有機的でなければならない組織であると言った方が正しいかもしれない。つまり、会社のなかの小グループはジャズ・バンドみたいに、事業部などの大きな組織はオーケストラのように運用することができれば、理想的な企業組織になるのではないだろうか。

　スウィング時代のビック・バンドは、クラシック・オーケストラと同じく、きちんとアレンジされた楽譜通りの演奏が求められたことで事業部制組織に似ていたと考えられる。しかし、ビバップ時代になるとビック・バンドにも変化が現れる。ビバップ時代に歌手のビリー・エクスタイン（1914 〜 1993）が運営したビック・バンドがある。そこには、あのチャーリー・パーカーをはじめマイルス・デイヴィス、アート・ブレイキーなどそうそうたるミュージシャンが所属していた。エクスタインはメンバーたちに最大限の自由度を与えたと知られている。演奏者各自に多くのソロ・スペースを与え、ビック・バンドの複雑なアレンジの中で、新しいソロのアイデアを思い切り吹き出せるようにしたのである。アート・ブレイキーはこのバンドで大編成グループのパワーとソロイストの音楽性を結合させた自分のスタイルを磨いたという。つまり、ビリー・エクスタイン・バンドは、既存のオーケストラ型組織の特徴とジャズ・コンボ組織の特徴を融合させた組織運営の形を一早くみせてくれたのである。

マネジメント・フォーカス⑥

★ 集権化(Centralization) vs. 分権化(Decentralization)

　組織の設計や運営において、集権化か分権化かは、古くて新しいテーマである。どちらもそれなりの論理があって一方的な支持は得られなく、最高経営者のリーダーシップ・スタイルによって左右されるケースが多い。組織的に分権化がかなり進んだ状況であっても、カリスマの持つ独裁者がリーダーである場合、いつのまにか集権的に運営されてしまう可能性が高い。最近の IT 技術の発達が組織運営に及ぼす影響に関する意見も分かれている状況である。IT は上下間の情報パイプラインとしての中間管理者の役割を無くし、最高経営層に権限を集中させるという主張がある。一方では逆に、組織の末端にある人間も高級情報に触れる可能性が高くなるので、意思決定を分権化したほうがいいという主張もある。

集権化の論理	分権化の論理
・ITの発達で遠隔地の多様な情報を効率的に統合可能 ・ネットワーク設計や情報処理能力の強化で大規模組織でも中央から統制可能 ・最高経営者に重要情報が集中し、独占の可能性も増加	・個人の情報処理能力や関係性に依存する時代的要請(監督よりコーチングが必要) ・中央の検討結果を待つより、現場で対応するのが迅速、正確 ・経営の複雑化で経営者一人では効果的にマネジメントできない

　もちろん、理想的な組織形態は、集権化と分権化の共存であるという主張もあるが、ビジネスの形態や業種によっては、どちらかに重みを置いた方が良いかもしれない。

Sonny Clark

原曲は 1928 年のミュージカル「ニュー・ムーン」の挿入曲で、"愛は朝日のように近づいて、夕陽と一緒にすべてを持って去ってしまう"という内容の歌詞が付いていた。

　ジャズでは、1950 年代に MJQ の演奏によりスタンダード化し、ヴォーカルのアビー・リンカン、サックスのジョン・コルトレーンなど、多くのジャズ・ミュージシャンにカバーされた名曲である。特に、ピアニストであるソニー・クラークの演奏は、曲のタイトルをそのまま音楽に映したかのようなものとして名高い。一度聴いたら忘れ難い美しい旋律と感情線を刺激する雰囲気のせいなのか、日本で特に人気の高い曲である。1931 年生まれのソニー・クラークは、4 歳からピアノを学び、1951 年から音楽活動を始めた。何故か日本では、ジャッキー・マクリーン（サックス）、ポール・チェンバス（ベース）などが参加した「クール・ストラッティン（町を歩く女性の美脚が載っているジャケット写真で有名）」というアルバムが人気高く、彼の代表作として知られている。ソニー・クラークは、ソニー・ロリンズに推薦されブルーノートのレコーディングにも参加したが、麻薬常習癖のためキャバレーカード（ジャズ・クラブで演奏するための許可証）が下りなかったこともあり、米国ではそれほど人気者ではなかったという。ソニー・クラークは、麻薬の過剰摂取のため、1963 年、わずか 32 年の生涯を閉じることになる。

3.3. スウィングと標準化・システム化

■ ジャズのデファクト・スタンダード、スウィング

　どんなに優れた製品でも多くの人々に支持されないと普及しない。スペック上は二番手のものが、市場に出てからデファクト・スタンダード（De Facto Standard）になったケースは多い。デファクト・スタンダードとは、「事実上の標準」を意味する言葉である。マイクロソフト社のウィンドウズがパソコン O/S 市場を席捲したことや、VHS 方式が VTR 市場を掌握した事例などからわかるように、ある標準を創出し、市場を先制すると、競争相手が技術的に優位であっても、すでに形成された事実上の標準を変えることができなくなるので、企業活動においては非常に重要なコンセプトである。

　では、ジャズ音楽においてデファクト・スタンダードとして機能するものがあるとしたら何なのだろうか。やはり、インプロヴィゼーションやスウィングのことが考えられるが、事実上、インプロヴィゼーションはジャズの世界だけに存在するものではないので、スウィングの方がジャズの本質により近いと考えられる。デューク・エリントンの「スウィングがなければ意味がない（It don't mean a thing, if it ain't got that swing, 1931）」という有名な作品が語ってくれるように、スウィングは、ジャズをジャズらしいものにしてくれる一番重要な要素である。

実際にジャズ愛好家や評論家たちは、ジャズ・ミュージシャンの演奏を自分なりに評価しながら、「スウィング感があって良い」、「スウィングしていないのでジャズとは言えない」など、一般の人にはわけのわからない話をよくしている。その面では、「インプロヴィゼーション ＝ ジャズ」とは言えないが、「スウィング ＝ ジャズ」とは言えるかもしれない。だとすると、やはりジャズ音楽のデファクト・スタンダードは、スウィングになる。もちろん、デファクト・スタンダードが必ずその業界を規定するコアの要素である必要はないので、以上のような筆者の主張に異論の余地はある。

　いずれにせよ、スウィングという言葉は、その定義が非常に難しい。ある雑誌社が有名ジャズ・ミュージシャンたちに聞いたことがあったが、その答えがそれぞれ全部違ったと言われているほど、専門家のなかでも人によってスウィングに対する理解が違う。今までジャズ評論家の間に議論されてきた内容をまとめてみると、スウィングには概ね次のような３つの意味が込められていると考えられる。

　まず、第一には、「リズミック・フィーリング」のことである。ベレント（1989）の話だが、スウィングは、アフロ・アメリカンの時間感覚とヨーロピアンの時間感覚の出会いから生まれたという。また、スウィングとは「リズム感」のことで、アフリカ黒人のリズム感覚と、西洋音楽の拍子の組み合わせで生まれたともいう。実際に多くの専門家たちは、スウィングをリズム、ビット、タイミングの問題として捉えて

いるようである。要するに、音楽を聴いているうちに体が自然に左右に揺れるようなジャズ特有のリズム感がスウィングであるというのである。一般的に西洋音楽では１番目の拍子と３番目の拍子にアクセントが入るが、４ビットジャズでは弱拍であるはずの２番目と４番目の拍子が強調され、独特のリズムが形成される（シンコペーションのことである）。このときに発生するリズム感がスウィングであるという説明もある。しかし、このような話は、あくまでもジャズのスウィング感に対する説明であり、スウィングそのものに対する説明ではない。スウィングについて体が自然に揺れるようなリズミック・フィーリングであるという言い方が当てはまったのは、1930年代のいわゆる「スウィング・ミュージック時代」までである。演奏者の個人的な好みが強調される1940年代以降のビバップ時代には、ジャズ音楽を聴きながら体が自動的に揺れる感覚を感じることが難しくなる。スウィングはするが、スウィング感は感じ難くなる時代が始まったのである。

　第二は、無限快感を追求する感覚のことである。一般の人はいくら頑張っても1960年代以降のマイルス・デイヴィスやジョン・コルトレーンのモーダル・ジャズを聴きながら、それが楽しくて自然に体が左右に揺れることはまずないだろう。しかしながら、ジャズ愛好家や評論家たちはマイルス・デイヴィスやジョン・コルトレーンがスウィングをしていないとは言わないはずである。誰かがそういったジャズ・ジャイアンツの音楽を聴いてスウィングしていないと言ったら、

多分ジャズ知らずの素人扱いになる。それでは、我々はスウィングのことをどのように理解すべきなのだろうか。一つの手がかりは、スラング（Slang）ではあるが、1950年代末からスウィングという言葉が、「to have a ball (to have a good time, to enjoy oneself)」の意味合いで使われるようになったことである。スラングで「ball」というのは、ダンス・パーティーを指したり、マリファナを意味したりしたという。要するに、何の躊躇いも、自分の欲求を抑制することもなく、徹底的に楽しむことがスウィングであるということになる。これは、ジャズという言葉自体がエクスタシーを意味する俗語から来たという話と同じ脈絡にある説明である。

　第三は、スウィング・ミュージック時代のそのもののことである。スウィングのもう一つの意味は、ベニー・グッドマンやデューク・エリントン、グレン・ミラー（1904〜1944、トロンボーン奏者、バンド・リーダー）などに代表される1930年代の大衆音楽の演奏スタイルのことで、「スウィング・ジャズ」、或いは「スウィング・ミュージック」という用語としても知られている。スウィング・ミュージックは、概ね明るい雰囲気の音楽で、軽快なダンス音楽である。大恐慌という時代的背景のもと、多くの困難を克服してきた人たちがそのような音楽を望んだから生まれたものだという説明もある。

　実際に、1930年代アメリカの多くの人々は、踊るために大規模の舞踏会場（ball-room）を訪れた。広いダンス・ホー

ルに集まった数百から数千名の踊る人たちに効果的に演奏音楽を提供するためには、小規模のバンドでは無理だったので、ビック・バンドの時代になったとも言われている。

　面白いことに、この時代には、ジャズ音楽の特徴であるインプロヴィゼーションや演奏者個人のソロ演奏よりは、緻密な編曲とバンド全体のアンサンブルが重視された。つまり、スウィング・ミュージック時代は、演奏者のソロや即興演奏ではなく、事前に定められた約束通りに演奏をコントロールすることが求められたのである。また、過去のジャズ・バンドよりはるかに大規模の編成で多くの楽器が使用されるようになったため、編曲者と演奏者の間に分業化が確立された時期でもある。

スウィングの王様と称されたベニー・グッドマン

■ デファクト・スタンダードの条件

　以上、みてきたように、ジャズのスウィングという言葉には様々な意味が込められている。にもかかわらず、「ジャズ ＝ スウィングする」という表現に異見がないくらいにスウィングがジャズ音楽独特の雰囲気を表すデファクト・スタンダードみたいになっていることは確かである。では、経営の現場で、新しいデファクト・スタンダードを確立させるためにはどのような条件が必要なのだろうか。

　まず、第一に考えられるのは、クリエイティビティ（Creativity）、または、ファースト・ムーバー（first mover）のことである。十数年前に iPod が登場した時の筆者のショックは今も忘れられない。機器操作のためにスウィッチやボタンを押すという行為の替わりに、「タッチする」、「撫でる」という、当時としては非常に斬新な感覚を味わえたからである。まるで、流れている音楽を撫でているような楽しさを感じたことを未だに覚えている。このように、ビジネスにおいても、ジャズにおけるスウィング感と同じく、一種のエクスタシーを感じるほど、人々を魅了する創造的なモノやサービスを生み出すことがデファクト・スタンダードに繋がる。

　問題は、そういう感覚には個人差があるということである。ジャズマニアと一般の人が楽しむ音楽が違うように、企業活動の結果物である創造的なアウトプットに対しても、一般の人が好きになるものと、一部のマニア層が熱狂するものがある。量的成長を重視するのであれば前者が大事であり、

質を重視するのであれば後者が大事である。スウィング・ミュージック時代に形成されたジャズ・スタンダードによってビバップ、ハードバップ時代が開かれたように、企業の中でも量からはじめて質を目指すケースもある。人間の感性は、持続的な刺激を求めているので、節目のときにそれぞれの分野のデファクト・スタンダードに対する再解析や進化も必要になる。

　もちろん、クリエイティビティ溢れるモノやサービスだけがデファクト・スタンダードになるとは限らない。ちょっとした不便を解決したものや人間の潜在的なニーズを先取りしたものであれば何でも資格はある。その場合、重要なのは、誰よりも早く市場に出すことである。いわゆる「ファースト・ムーバー・アドバンテージ」のことである。ファースト・ムーバー・アドバンテージを享受しているモノに代わってデファクト・スタンダードになるためには iPod や iPhone のようなクリエイティビティが必要になる。

　第二は、分業と調整によって絶対的マスを確保することである。どんなに優れたものでも大衆がわかってくれないと痕跡も残さず消えてしまう。企業が並みならぬ努力で生み出した財貨やサービスも超高価のブランド品として扱われたり、一定規模以上の消費が行われたりしない場合、同じ運命になる。スウィング・ミュージック時代は、一部地域の黒人たちが楽しんでいた音楽が全米規模に広がって大衆化されたという意味で、「規模の経済」が実現できた時代である。その過程

で、現在も繰り返し演奏される、1千曲を超える、いわゆる「ジャズ・スタンダード」が確立された。この時代の編曲中心のスタンダード演奏は、大衆にジャズ音楽のテーマを認識させる大きな役割を果たし、後ほどビバップを受け入れる土台になる。

■ 分業と調整

　ジャズ・スタンダードの確立は、組織における標準化・専門化という問題と関連付けられる。アダム・スミス（1723～1790）以来、標準化・専門化をベースにした分業システムは組織運営の基本となってきた。正確には、組織編成の基本原理として知られているのは「分業と調整」で、標準化は「事前の調整」に当たる。ひとりひとりではなく、組織を作って皆で一緒に仕事をする意義は、いうまでもなく組織力を発揮することにある。しかし、下手をするとむしろバラバラでやるより悪い結果になるケースが少なくない。そこに大きく関係するのが「分業と調整」という組織編成の基本原理である。簡単な話のように思われるが、その持続的な実践は意外と難しい。優れた業績を残した企業もいつの間にか調整が効かないセクショナリズムに嵌って駄目になるケースはいくらでもある。

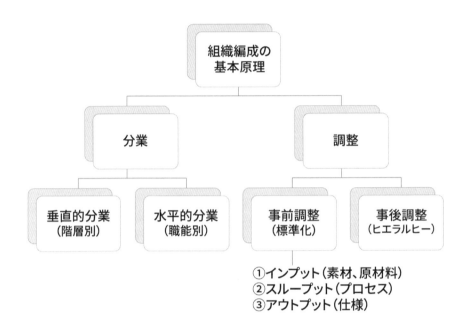

| 図表3-5　分業と調整 |

標準化とは、原材料や部品を統一すること、作業工程や仕事のプロセスを明確にして品質を均一にすること、最終製品のスペックを決めておくことなどに分けて考えられる。結局のところ、計画どおりになるよう、あらかじめ調整することを意味する。もちろん、「事後の調整」も必要だが、それは、位階制（Hierarchy）などによる意思決定の仕組みに左右されるし、組織文化やリーダーシップの問題に繋がる。

市場の先制を通じたデファクト・スタンダードを目指す場合、分業と調整は、社内だけに限定されない。テレビ市場

で競争していたソニーとサムスンがLCD合弁会社を作って一緒に液晶テレビ市場を拡大させたこと、アップルが製品の生産を中国会社に任せたことなど、合従連衡の戦略も大事である。

　第三は、媒体やインフラを上手く活用することである。デファクト・スタンダードを作るためには、魅力的な製品と量産体制だけでは足りない。市場に知らせて買ってもらうこと、つまり、マーケティング戦略が必要になる。これに関連してスウィング・ミュージック時代は、当時普及し始めたラジオやレコード、ジュークボックスという媒体の恩恵を受けた。ラジオは、1930年代のアメリカ人に対して、コミュニティ感覚を生み出したものであった(ストウ、1994)。レコードは、ジャズ・ミュージシャンたちに、演奏技法やスタイルの研究、模倣、批判を可能にしてくれた都合のいい媒体であったという。禁酒法の廃止の後、バー、カフェ、簡易食堂、道路脇のダンス施設などに置かれたジュークボックスは、低所得層の人たちにとって、映画に匹敵した公共娯楽であった。当時生産されたレコード総数のほぼ半分をジュークボックスが消費したと知られている。もちろん、こういった物理的な媒体だけがマーケティングの有効な手段ではないが、既存のインフラや技術革新の成果を上手く活用することは大事である。

マネジメント・フォーカス⑦

★ 量 vs. 質

　量を追求するか、質を追求するか。もちろん、両方追求すべきだという議論が聞こえるようだが、そう簡単にはできないから成功している企業が少ない現実がある。この問題に対する一番わかり易いケースは、市場制覇を目指すか、利益のみを追求するかもしれない。市場制覇のためには利益が下がることを覚悟した上で、競争相手と血まみれの競争に参加しないといけない。それが嫌なら従業員の創意性や組織創造性を引き出して新たな市場を生み出す方法もある。しかし、せっかく新しい市場を生み出したとしても時間が経つと競争相手の台頭によりまたシェアをめぐる競争状況に陥る可能性が高い。

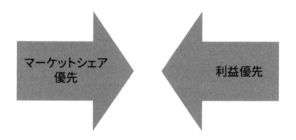

　市場を制覇すると利益が付いてくる可能性もあるので、長期的に見ると必ずしも M/S が量重視で、利益が質重視であるとは言い切れないかもしれない。つまり、何を「量と質」の問題として考えるべきかの側面もあるが、例え、「品質とノルマ」の問題に切り替えても戦略的選択が必要であるという本質には変わりがない。

ジャズ・スペシャル⑦

Bud Powell

原曲は作詞・作曲者不明の北欧のフォークソングである。スタン・ゲッツが現地のリズム・セクションとレコーディングするときに、このタイトルを付けたと知られている。マイルス・デイヴィスなど、多くのジャズ・ミュージシャンがカバーしている文字通りの名曲で、バド・パウェルのこの演奏（Bud Powell in Paris）が筆者には一番である。

1924年ニューヨーク生まれのバド・パウェルは、幼い頃からクラシックピアノを学んだが、高校中退後ジャズ・ピアニストとしての道を歩むことになる。バド・パウェルは、1941年頃からミントンズ・プレイハウスでディジー・ガレスピーやチャーリー・パーカーなどとセッションをしながら、以前のスウィング時代とは一味違う、いわゆる「ビバップ・ジャズピアノ」の演奏スタイルの確立した人として知られている。残念ながら、バド・パウェルは、1951年、麻薬関係で逮捕・投獄された後は精神異常になり、1959年以降、家族とヨーロッパで生活しながらやっと精神的な安定を取り戻したと言われている。この演奏は、1963年、バド・パウェルのパリ滞在中にレコーディングされたもので、ビバップ時代のような超絶技巧の演奏ではない。しかし、ある程度のスピード感を保ちながらもロマンティックな雰囲気を漂わせてくれるので、気分転換が必要な時など、気持ちよく聴ける演奏である。

3.4. インタープレイと組織コミュニケーション

■ 組織におけるコミュニケーション

　バーナード（1938）によると、組織というのは、相互に意欲を伝達できる人々があり、それらの人々は貢献しようとする意欲をもって、共通目的の達成をめざすときに、成立する。したがって、組織の要素は、①伝達（コミュニケーション）、②貢献意欲、③共通目的であり、これらの要素は組織成立にあたって、必要にして十分な条件であるという。組織の構造、広さ、範囲は、ほとんどまったく伝達技術によって決定されるので、組織の理論をつきつめていけば、伝達が中心的地位を占めることになる。つまり、組織の中で一番大事なことがコミュニケーションなのである。現実的に多くの企業で従業員満足度調査や組織診断を行うたびに必ず出てくるのがコミュニケーションの問題である。まさに、企業経営において永遠の課題であると言わざるを得ない。厄介なのは、コミュニケーションの形が時代の変化に伴って次の＜図表3－6＞のように変わっていく必要があるということである。それだけでなく、企業の中で問題視されるコミュニケーションは、様々な側面から語られるので、その本質を掴むことがなかなか難しい。

| 図表3－6　変化するコミュニケーションのかたち |

	従来のコミュニケーション	求められるコミュニケーション
主体	上司	メンバー全員 （傾聴の重要性拡大）
方向	主にトップダウン	双方向（トップダウン&ボトムアップ） 水平的コミュニケーション重視
内容	主に仕事関連 （コンテンツ統制可能）	人文学、異業種など非業務的内容まで拡大 （コンテンツ統制不可能）
方法	効率重視 （最低限の努力で素早く伝達、One Way）	効果性重視 （内容とSNS等の手段の変化により複雑なコミュニケーションネットワークを形成）
リーダーシップ	指示、統制型	相互理解ベースの自発的参加を重視 （脈絡と背景の重要性増加）

出所: SERI（2010）

■ 対立と調和のバランス

　Razeghi（2007）によると、西洋の創意性は、個人の自由に基づくものであり、東洋の創意性は調和を基礎としている。米国人は、開拓者として生きながら限界に挑戦してチャ

ンスを逃さない人を尊敬し、目的に関しては個人の自由と
BHAG（big hairy audacious goals；大きく、難しく、大胆
な目標）の達成を可能にすることを選好する。日本人の場合、
開拓的な人になるよりは、「いい子」になることを最高の徳目
としており、調和を増進し、大衆を困らせない幅広い解釈を
認定する目標を選好する。従って、欧米人は群衆のなかで目
立つ存在になることを夢見ていて、瞬発力のある創意性が奨
励されるが、日本では、ユニークなアイデアを持つ創作者は、
よく無視され、疑われ、馬鹿にされるという。

　経営の現場で個人と集団の調和問題は、洋の東西を問わ
ず何時も注意すべき古くて新しい課題である。多くの人たち
は個人の自由と集団の調和は同時に達成できないという。集
団の調和を確保するためには否応なしに個人の自由に対する
抑圧が前提であるという。しかし、クリエイティブ・マネジ
メントの観点からみると、個人の自由度と集団の調和は両方
ともに諦められない非常に重要なバリューである。つまり、
アイデアを出す個人としての創意性も大事だが、企業組織の
中で多様な実行プロセスを経て結果的に生産性を向上させる
組織創造性を引き出すことも大事なのである。ICT の発展に
より、すでに時間と空間を超えてビジネスとコミュニケーシ
ョンが可能なメガコンペティションのグローバル社会になっ
ている。このような時代に我々は個人なのか組織なのかを分
けて考える必要もないし、東洋・西洋の文化の差異などを挙
げながら自ら制約をかける必要もない。

松下幸之助は「宇宙のあらゆるものは対立しながら調和をしている」という話を残した。それぞれ個性という特徴をもって自己主張をするのが対立なので、月と太陽、山と川、男と女も対立しているが、対立しているばかりではなく、お互いに調和をし、大自然と人間社会の秩序を構成しているので、対立と調和は一つの自然の原理であり、社会の望ましい姿であるという話である（PHP 研究所、2001）。

　しかし、大洪水や地震により、山や川の構図が変わることと同じく、このような対立と調和も崩れながら進化していく部分もある。ジャズ音楽がスウィング・ミュージック時代を経て、ビバップ、ハードバップの時代へ発展したことも、このような対立と調和のバランスが崩れて新たに進化した結果であると言えよう。

■ ジャズ・ミュージシャンの創意性

　モダン・ジャズの始まりであるビバップを代表するジャズ・コンボのように、個人と集団の情緒が共存する他のジャンルの音楽はそんなに多くない。一般的なジャズ・コンボの演奏は、トランペットなどの管楽器によるメロディーラインの演奏、ベースやドラムなどのリズム・セクション、そして、音楽の全般的な雰囲気を壊さない範囲の自由なインプロヴィゼーションを特徴とする。個人と集団の調和で引き出される創意的なアウトプットとしてのジャズは、既存の観点をひっ

くり返したり、他のミュージシャンたちとの差別化を図るために様々な探求を重ねたりして発展してきたのである。

　ジャズ・バンドに使用される楽器の役割変化に着目すると、ジャズ・ミュージシャンたちの創意性が見えてくる。元々、ベースは正確な時間厳守（time keeping）を通じて音楽の骨組みを維持するのが伝統的な役割である。しかし、ジャコ・パストリアス（1951 ～ 1987）、チャールズ・ミンガス（1922 ～ 1979）などの優れた個人演奏者が登場することにより、ベースも徐々に多様なリズムを積極的に提示するようになった。ドラムの場合、ベースが曲全体リズムの骨組みを担当しているうちにその曲に活力を与える役割を担当していた。しかし、ハイハット・シンバルがバスドラムに代わってドラムのリズムを刻むようになってからは、単純に拍子合わせや強弱調節という打楽器の範疇を超えて、メロディー楽器のような効果を出すこともできるようになった。いわゆるメロディック・ドラミングといわれるものであるが、マックス・ローチなどがその代表的なドラマーとして知られている。

　ベースやドラムのようなリズム楽器がメロディー楽器としても機能するようになってから音楽的表現の可能性は大きく拡張された。楽器の伝統的な役割概念を打破した結果得られた画期的な発展であると言っても過言ではない。しかし、全体的にみると、やはりリズム楽器の主たる役割は、あくまでも音楽を安定的に支えることに変わりはない。いくらリズム楽器群が多様な役割を消化できるといっても、その本質的

な役割の重要性はそのままだからである。もし、リズム楽器がメロディー楽器としての副業に偏ってしまえば、その音楽は根っこから揺れていく可能性が高い。確かな役割をしてくれるリズム楽器群がなければ、演奏の途中にリズムが持続的に揺れてしまい、ソロだけではなくメンバー全員がそのリズムの脈をつかむことに忙しくなるはずである。その結果、他の演奏者たちが予測できないミスを恐れたりすると、独創的な演奏にチャレンジできなくなるのはいうまでもない。

■ インタープレイと組織コミュニケーション

　ジャズ・コンボで良いインタープレイが行われるためには、演奏者の間で内密な情緒の共感が必要である。友好的であれ敵対的であれ、お互いに緊密なコミュニケーションが行われるときに演奏の質が高くなるのは当然であろう。しかし、その前提になるのは、まず、演奏者各自が自分自身と自分が演奏する楽器についてよく知っておくことである。要するに、演奏者は、自分が担当している楽器のアイデンティティーを絶えず探求しながら、より良い演奏ができるよう頑張らないといけないのである。「己を知り、敵を知れば百戦百勝」という孫子の話もあるが、自分自身を知った上で他人とコミュニケーションするときに真のコミュニケーションの意味があると言えるだろう。これは、専門性のある人だけが他人の専門性を認識でき、交流できるという話と同じ脈絡である。専門

性のある人が誰かとコミュニケーションしながら協業に至る
プロセスは、その集団の凝集性と成果を高めることにおいて
非常に重要な役割を果たす。ジャズ・バンドのメンバーたち
も楽器パート間のコミュニケーションを通じて、知らなかっ
た自分の強弱点を知り、他人の長所を学ぶことになる。従っ
て、楽器の編成が大きくなると（組織の規模が大きくなると）
コミュニケーションの重要性がますます高くなるのは当たり
前である。

　筆者の経験話だが、会社の組織診断の結果、あるチーム
の評価が非常に悪く、その原因を探ってみると、コミュニケ
ーションに問題があることがわかった。しかし、そのチーム
のチーム長は部下社員たちとの私的な会話や「飲みニケーシ
ョン」を大事にしており、他のチームに比べるとすごく良い
組織雰囲気であると自負していたので納得ができないという
反応であった。それで、部下たちに直接インタビューをして
みると、意外なことが明らかになった。確かにそのチームは
仲良しグループで、私的には何でも相談をし合える良い人間
関係であった。しかし、明確な目標の提示やフィードバック
がないなど、日常業務の面でのコミュニケーションはあまり
よくないということがわかったのである。このように、ある
組織の中でコミュニケーション問題が出ると、具体的にどの
ような内容のコミュニケーションに問題があるのか見極める
必要がある。企業の中で行われる様々なコミュニケーション
について、その中身を中心に分類すると次の＜図表３－７＞

のようになる。

　大手企業であるほどメンバーの間に風通しが良くないという話が頻繁に聴こえてくる。それは、日常の業務に追われて人間的交流（情緒的コミュニケーション）が乏しいことから起因する場合が多いだろう。クリエイティブ・コミュニケーションもこの情緒的コミュニケーションに左右される場合が多いはずである。

| 図表3－7　企業内コミュニケーションの類型 |

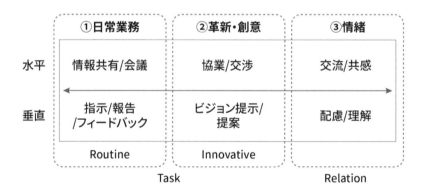

出所: SERI（2010）

　ジャズのインタープレイと関連して注目したいのは、目標管理などの日常業務的なコミュニケーションでも、「飲みニケーション」みたいな情緒的コミュニケーションでもなく、

革新と創意のクリエイティブ・コミュニケーションである。クリエイティブ・コミュニケーションとは、イノベーションの方向性を伝達するビジョンの提示や創意的アイデアの提案、知識の結合、協業など、革新的な課業の遂行と密接な関係がある。従って、クリエイティブ・コミュニケーションは、クリエイティブ・マネジメント時代に必須不可欠なコアのコミュニケーションになるが、多くの企業では様々な理由で上手くいかないのが現実である。日々大変忙しい仕事の中で日常的なコミュニケーションに追われがちなのが一番大きい理由であるかもしれない。しかし、それよりもっと根本的な理由は、コミュニケーションの当事者がインタープレイを行うジャズ・コンボのメンバーのような専門性を確保していないことにあるのではないだろうか。せっかく創意的な良いアイデアが出ても他のメンバーが専門性をもって評価できる目をもってないと、そのアイデアは活かせない。

マネジメント・フォーカス⑧

★ トップダウン vs. ボトムアップ

　組織コミュニケーションにおいて、よく議論されるのが「トップダウン」と「ボトムアップ」の話である。どちらがいいのかについても様々な議論があり、中間マネジメント層を中心とする「ミドル・アップ・ダウン」という話も一時期流行ったことがある。

　近年のICTの発展は、こういった情報伝達の方向性を意味ないものにしている。組織内のヒエラルキーに関係なく、時間と空間を超えて、組織横断的に、いわゆる「マルチウェイ・コミュニケーション」が可能になっているからである。今日のような変化の時代にはやはり情報の内容と即時性が重要である。形式論よりはコミュニケーションの質が問われる。つまり、コミュニケーションの本質を邪魔する「ノイズ」の除去や、利害関係者に好まれそうな情報だけを流す「フィルタリング」行為など、組織内コミュニケーションのエラーを減らすことに努力すべきではないだろうか。

Harold Mabern Trio

　日本では「白い夜霧のブルース」として知られたこの曲は、1931年のものである。フランク・シナトラやナット・キング・コールなど、多くのミュージシャンによってカバーされた曲で、ポップ・スターのスティングの歌として覚えている方が多いかもしれない。確かに、愛する人と別れて一人で歩く思い出の町の寂しさをその特有のハスキーな歌声で情感深く歌っているスティングのものは絶品である。しかし、たまには歌声なしのインストルメンタルで聴きたい曲でもある。

　ハロルド・メイバーンは、1936年生まれで、学校ではドラムや金管楽器を学び、ピアノは15歳まで触ったことがなく、後に独学で習ったという。筆者が彼の演奏に始めて接したのは、ジャズ評論家の寺島氏が毎年出していたコンピレーションアルバム「ジャズ・バー（CD）」シリーズからである。2004年版のジャズ・バーCDで初めてこの曲の演奏を聴いた時のショックは今でも忘れられない。そこにあったのは1993年録音で、華麗なテクニックと哀愁溢れるメロディーラインの調和、中盤から現れる強烈なウッドベースの虜になって、9分を超える演奏時間の間に凍ったままであったのである。ハロルド・メイバーンは2002年にヴィーナスレコードを通じてこの曲の別のテイクを残したが、それは6分弱のランニングタイムで、どうも同じ曲とは思えない演奏になっている。

第4章

ジャズ for 組織力マネジメント

4.1. ジャムと集団知性の組織力

21世紀に入って間もないうちに、IBMが、「ジャム（Jam）」と名付けた「オン・ライン討論会」を開催し、全世界の人々の知恵を集めたことで話題になったことがある。2003年に行われた「バリュー・ジャム（Value Jam）」では、100年ぶりにIBMの核心価値（コア・バリュー）を従業員たちが直接再定義できる機会が与えられた。2006年の「イノベーション・ジャム」では、104ヶ国から67個の企業、15万人以上が参加し、議論を交わしたと知られている。

ここでいう「ジャム」形式とは、ジャズの「ジャム・セッション」から借りてきた概念である。IBMがこのオン・ライン・ジャム（On Line Jam）を活用して企業内外のフレッシュなアイデアを集めて進化させたことと同じく、ジャズ音楽も、オフ・ライン（Off Line）ではあるが、戦前からジャム・セッションを通じて新しいスタイルの音楽を作り出したのである。

■ ビバップの誕生と「個人」の認識

ジャズ音楽の革命とも言われているビバップは、ニューヨークのハーレムに位置する幾つかのジャズ・クラブを中心に発達したが、他の地域のミュージシャンたちにも、共通の

状況と認識があったと知られている。

　1939 年、ドイツのポーランド侵攻によって第 2 次世界大戦が始まり、1941 年には米国の真珠湾が日本により爆撃された。もうスウィング・ダンス音楽を楽しんでいるところではない状況のなかで、ジャズは大衆の好みに合わせるダンス音楽から脱皮し、鑑賞のための音楽、芸術的価値のある音楽に進化したわけである。結果的には、聴衆が楽しむ音楽、踊るための音楽、ビック・バンドの音楽から、小規模のジャズ・バンド（コンボ）の、ミュージシャン個々人が主体である音楽に変わることになる。しかし、個人が主体になるということは、そんなに簡単な話ではない。日本でさえ個人という言葉（Individual）やコンセプトが入ってきたのは、明治維新の時期である。人類歴史上初めて「個人」に注目するようになったのは、バイブル（Bible）の解釈を教会に頼らず、個々人にその権利があるとしたマーティン・ルターの宗教改革（1517 年）からだと言われている。

　それでは、経営の現場で個人が重視され始めたのは、何時からであろうか。まずは、ホーソン工場実験で有名な人間関係論的アプローチが考えられるが、それは、あくまでも従業員という集団に対する新しい見方を浮上させたことに過ぎない。ベルトコンベヤーシステムによる大量生産体制をベースにした 20 世紀の産業パラダイムの下で、個人の存在はほぼ無視されたと見做していいだろう。このような事情は、20 世紀の後半になってからやっと「真実の瞬間」などの事例を通

じて、顧客との接点にある職員個々人の判断の重要性が改めて認識されたことからも推測できる。その後、21世紀に入ってからICTの進化とそれに伴う創造経済、創造経営などの議論が盛んになり、企業も真の意味での個人の潜在力に注目するようになったのである。

■ 創造性の競演場、ジャム・セッション

ジャム・セッションは、元々米国のキャンザス・シティで旺盛に行われた演奏スタイルを指す。ダンス音楽が主流であった当時、ビック・バンドの様々な演奏規約に縛られ、思うままの演奏ができないことに不満を持っていたミュージシャンたちが、仕事が終わった後に、その欲求不満を解消するため、とある場所に集まって自由な演奏を交換するようになったのである。これが「ジャム」と言われたが、仕事を終えて始まることから「アフターアワー・セッション（After Hour Session）」としても知られている。カウント・ベイシー（1904〜1984、ピアニスト、バンド・リーダー）楽団が固定出演していたキャンザス・シティの有名ジャズ・クラブのジャム・セッションは未明5時から始まったという。

このようなジャム・セッションには、ベテランだけではなく若い演奏者たちも参加するようになり、自主的「登竜門」としての役割も果たした。ジャム・セッションには、決まったプログラムはなかったし、誰でも他の人の演奏をつないで

演奏を始めることが出来た。ここで重視されたのはアドリブ、つまり、インプロヴィゼーションのことで、参加者たちは自分の演奏者としての力量を思う存分披露することができたわけである。キャンザス・シティがこのようなジャム・セッションの聖地になったのは、1920 年に実施された禁酒法の影響が大きいと言われている。取り締まりを避けて密酒の供給ルートを掌握したギャングの「顔」であった人物が選挙で勝利し、約 13 年間にわたって市政を担当することになったため、キャンザス・シティでは戦時中でも飲酒歌舞を楽しむことができたからである。

カウント・ベイシー

一方、1939 年、19 歳のチャーリー・パーカーがニューヨークに向かった時に、ニューヨークのハーレムにはミントンズ・プレイハウスというクラブがオープンされた。その店では、お客さんの誘因対策として、ハウスバンドが演奏するときに誰でも自由に演奏へ参加できるというジャム・セッション方式を導入した。それが大当たりになり、スウィング・ミュージックに飽きていたミュージシャンとファンたちが沢山集まるようになったという。

　当時、ミントンズ・プレイハウスのハウスバンドのドラマーはモダン・ドラミングの改革者として知られているケニー・クラーク（1914 ～ 1985）で、ピアニストはセロニアス・モンク（1917 ～ 1982）である。このバンドに対抗して常連のようにそのジャム・セッションに参加したミュージシャンが、後ほどビバップの創始者として称されたチャーリー・パーカーとディジー・ガレスピー（1917 ～ 1993、トランペット奏者）である。

　ジャズ・ミュージシャンたちは、ジャム・セッションを通じて、共演する相手の指の使い方、呼吸法、音色、リズムの取り方など、彼らの音楽の全てを一緒に研究し、互いの技術を模倣するようになったと知られている。しかし、誰でもどんなセッションにも参加できるということは事実ではなかったようである。自分の演奏能力に合わないセッションに参加したら笑われてしまうからである。チャーリー・パーカーでさえ若い時に参加したジャムでリズムを逃し、ドラマーか

らシンバルを投げられ、ステージから追い出されたというエピソードもある。

　では、経営の現場で、こういったジャズ・ミュージシャンたちのジャム・セッションのようなことを定着させ、クリエイティブ・マネジメントを促進するためには、一体何が必要なのだろうか。様々な意見がありそうだが、以下では、ジャム・セッション本来の特徴から、組織スラック（組織的余裕）、集団知性、サポート体制などの３つのキーワードを引き出して検討していきたい。

■ 経営における創造的ジャムの条件

　まず、第一に考えられるのは、「組織スラック」を維持することである。ジャム・セッションは、ミュージシャンたちが自発的に集まって形成されたものであるが、長く続いたのはそれなりの理由がある。まず、挙げられるのは、ジャムが基本的にアフターアワー・セッションだったということである。これは、ある種の創造的な成果は、必ずしも組織内の決まった枠組みのなかで、与えられた仕事をしながら出てくるものではなく、番外に、自分の時間と情熱を投入する人たちによって作られるという話に繋がる。

　では、組織より自分のことを大事に考える人が増えている現代の会社員に、アフターアワー・セッションみたいな活動を期待できるのだろうか。共同運命体ではなく契約関係に

過ぎないことを強く意識している組織構成員たちに、自発的なサービス残業、または、「プロジェクトX」の世界のような情熱に溢れる献身を求めることはもう無理かもしれない。ここで注目されるのが「組織スラック（Organizational Slack）」というコンセプトである。組織における余剰資源を意味する言葉だが、参考になる代表的な事例としては、３Ｍの15％ルールやグーグルの20％ルールがある。所定内労働時間の一定の部分を決まった仕事ではなく個人の関心事に使ってもいいようにしておくことである。これは、ある意味で、企業がジャズのアフターアワー・セッションを「インアワー・セッション（In Hour Session）」の形に受容した措置であるとも言えよう。

　第二は、専門家集団による集団知性の発揮である。まず、指摘しておきたいのは、「類は友を呼ぶ」ということである。ジャム・セッションというフィールドが用意されたからといって、実力者が好んで参加しないと意味がない。囲碁などで「高段者のみ高段者を知る」という話があるように、お互いに認め合う人たちが一緒に集まることが大事である。いわゆる集団知性の話に似ているが、不特定多数の参加という多様性と、必要な専門性の調和を如何にして引き出すかが成功の鍵になる。また、組織構成員の間で如何にして競争と協力の関係を築くことができるのかという課題もある。

　MITのアレックス・ペントランド（2014）は、人々のバイオデータ収集が可能なITバッチ（ソシオメトリック・バッ

チと言う）を使った集団知性に関する驚くべき研究結果を紹介した。一般的に言われている集団の団結力やモチベーション、満足度などは、実は、集団のパフォーマンスとあまり関係がないという。最も重要な要素は、参加者が平等に発言しているかどうか、グループの構成員たちが相手の社会的シグナルをどの程度読み取れるかであるという。実験の結果、最大のパフォーマンスを発揮するグループには、次のような特徴があることが明らかになった。

ア） アイデアの数の多さ。数個の大きなアイデアがあるというのではなく、無数の簡単なアイデアが、多くの人々から寄せられるという傾向が見られた。

イ） 交流の密度の濃さ。発言と、それに対する非常に短い相づち（いいね、その通り、何？のような、1秒以下のコメント）のサイクルが継続的に行われ、アイデアの肯定や否定、コンセンサスの形成が行われている。

ウ） アイデアの多様性。グループ内の全員が、数々のアイデアに寄与し、それに対する反応を表明しており、それぞれの頻度が同じ程度になっている。

つまり、組織構成員たちの日常的な交流のパターンによって組織生産性が変わるという話であるが、これをわかりや

すく示したのが次の＜図表４－１＞の「非生産的な交流のパターン (a) と、望ましい交流のパターン (b)」である。

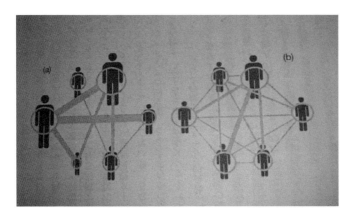

出所: アレックス・ペントランド（2014）

　第三は、サポート体制の確立だが、重要なのは、スポンサーの存在である。ジャム・セッションの慣行は、クラブの経営者でもあった「ギャング」たちに多くの支持を受けた。ジャム・セッションが通常の営業時間以外にも音楽を楽しむ人たちを引き寄せる有力な手段であるという現実的な理由もあったが、その中には、ジャズ音楽が本当に好きで、ジャズ・ミュージシャンを愛するギャングも存在したのである。ジャズ・ミュージシャンに寛大なこの人たちによってジャム・セッションのための場所やインフラが提供されたと考えられる。

そして、ジャム・セッションが行われる場所には「キティ」という箱が置かれていたという。それは、金属の容器に紙を付けてそこに猫や虎、妖怪などを描いたもので、一種の献金箱のようである。そこに集まったお金はその日のジャムに参加したミュージシャンに分配された。

　このように、専門家たちが持続的に自分の創造性を競い合えるジャム・セッションみたいなフィールドを維持、発展させるためには、マネジメント側のサポート、他の構成員の支持も必要なのである。

マネジメント・フォーカス⑨

★ 閉鎖 vs. 開放

　クローズ、オープン・イノベーションなど、主に研究開発と関連して言及された内容であるが、人材マネジメントにおいても同じことが言える。自社で抱える従業員だけで勝負するか、幅広く社会一般の人材も活用するかの問題にもなる。また、自社や関連企業のリソースだけを前提にマネジメントするか、しないかという、経営全般の話にもなる。具体的にはアイデアや情報に対する企業の態度として現れるだろう。

　実は、このような企業行動の裏には、セキュリティ（情報保安）という大きな障壁がある。これは、組織内外を問わず、信頼に大きく関わる問題でもある。多くの大手企業は、セキュリティのため、出入り口の保安ゲート設置やパソコン監視システムなど、従業員たちの行動モニタリングに莫大な費用をかけている。しかし、従業員の立場からすると、同じ組織の構成員として主人意識を持ちなさいと言われながら常に潜在的な犯罪者扱いになっているみたいで二律背反に感じられることもしばしばあるのではないだろうか。

Art Pepper

1942 年のコール・ポーターの作品で、1943 年のミュージカル映画（Something to shout about）の主題歌として使われたものである。何らかの理由で家出した男が後に後悔しながら彼女のいる家に戻りたいという内容の歌詞で、当時は米国が第二次世界大戦に参加していたため、多くの人が家族や恋人と離れて生活しないといけなかった状況とマッチし、大ヒットした。日本では、ヘレン・メリルの歌が有名になり、「帰ってきたらどんなに嬉しいだろうか」という女心を歌ったものとして広く知られている。人気曲であるため多くのカバー曲があるが、ジャズファンの間ではアート・ペッパーのこの演奏が圧倒的な支持を集めている。

1925 年生まれのアート・ペッパーは、17 歳で有名楽団のメンバーになるほど天才的なサックス奏者である。20 代半ばには自分の演奏スタイルを確立し多くの名演を残した。一方で、アート・ペッパーは麻薬中毒で何回か投獄されるなど、紊乱な私生活でも有名である。結局、麻薬に潰れて 1960 年頃から約 15 年間は事実上活動できなくなる。アート・ペッパーは、この曲を録音するときにも麻薬で朦朧とした状態で演奏されたとも知られている。復帰した後の演奏については、愛好家の間でも好き嫌いがあるようだが、いずれにしても、この曲の演奏だけでもアート・ペッパーはジャズ史に残る永遠のスターになったことは間違いないだろう。

4.2. ジャズ・バンド・リーダーのリーダーシップ

　世間に「〇〇リーダーシップ」という話が溢れているように、リーダーシップ論は本当に「百家争鳴」である。もしかしてリーダーシップ論は、リーダーの数だけ存在するかもしれない。その中で、我々の関心は、優れた業績を残した人たちのリーダーシップ・スタイルにある。ジャズ100年史の中でも多くの優れたバンド・リーダーが登場したが、ここでは、ビバップの主役チャーリー・パーカー、ハードバップの立役者アート・ブレイキー、クールジャズ以降のジャズ系をリードしたマイルス・デイヴィスのリーダーシップにフォーカスを当ててみたい。

■ ジャズ・ジャイアンツのリーダーシップ・スタイル

　まず、チャーリー・パーカーのリーダーシップは、「カリスマ的リーダーシップ」ではないかと考えられる。カリスマ的リーダーとは、マックス・ヴェーバーの話を借りると、「普通の人間とは区別される特別な権威や資質の持ち主で、英雄的、あるいは神聖なる存在として認められるリーダー」を指す。ペリー（1996）によると、チャーリー・パーカーは、ほとんど演奏したことのない楽器のことも完全に把握しており、一度聴けばすぐに曲を覚えられた。また、彼は自分の出来がよ

くても満足せず、何回も異なるソロを生み出し、他のメンバーたちが安全志向で演奏している時も彼ひとりで冒険することがよくあった。彼のソロは、何度も録り直されたのに、どれひとつとして同じものはなく、ジャズの創造性の頂点を新たに極めたと評価されたという。

　しかし、一方ではジャズの素晴らしい音楽性の一要素だったコラボレーションを消してしまったという批判もある。チャーリー・パーカーがリーダーを務めるバンドでは、ミュージシャンたちがお互いに影響し合って、より高次元のインプロヴィゼーションを創造していくことは考えられなかったからである。チャーリー・パーカーは、練習の時に傍観者としていて、公演のときになってから演奏するケースが多かった。しかし、全盛期の彼の演奏は、全ての行動を正当化するくらい圧倒的な演奏だったという。要するに、チャーリー・パーカーは、ひたすら自らの卓越した実力でメンバーを引っ張っていくリーダーの典型だったのである。

　次に、ハードバップの立役者アート・ブレイキーのリーダーシップは、「サーバントリーダーシップ」に相応しい。リーダーシップというと、リーダーが組織の先頭に立って引っ張っていくイメージが強い。しかし、サーバントリーダーシップは、フォロワーを支えて盛り上げていくイメージなので、リズム・セクションのドラマーとしてのアート・ブレイキーの役割にもぴったりである。ドラマーのアート・ブレイキーは、ピアニストのホレス・シルヴァーと一緒に「ジャズ・メッセ

ンジャーズ」というバンドを結成し、ハードバップの時代を
牽引した人物で、ファンキー・ジャズの旗手としても知られ
ている。ホレス・シルヴァーとは1年足らずで別れたが、ジ
ャズ・メッセンジャーズはアート・ブレイキーのリーダーシ
ップにより30年以上長生きした。

　このアート・ブレイキー型サーバントリーダーシップの
真髄は、若手ミュージシャンの起用と育成にある。後ほど一
流のミュージシャンになったリー・モーガン、ベニー・ゴル
ソン、フレディ・ハバード、カーティス・フラー、ルー・ド
ナルドソン、キース・ジャレット、ハンク・モブレー、ウィ
ントン・マルサリスなどなど、多くのジャズ・スターたちが、
いわゆる「アート・ブレイキー・スクール」の卒業生である。
アート・ブレイキーはどのようにしてそんなに多くの一流ミ
ュージシャンを発掘し、育てたのだろうか。あるインタビュ
ーでアート・ブレイキーはそれについて「情報の力」だと答
えたことがある。

　　「シカゴに期待できそうな若いのがいるよ」などの情報が
　あると、シカゴに行ったときには時間が空けばその若手の
　プレイを聴きに行く。自分が行けない時には誰かを聴きに
　いかせる。いいと思えば記憶にとどめておく。大切なこと
　は何事も情報だよ。1回や2回聴いたところで判明できるわ
　けがない。（木全信、2014）

一方、ギャリー・ギドンスら（2009）によると、アート・ブレイキーは「プレス・ロール（Press-roll）」というドラミング手法で有名である。プレス・ロールとは、「音の粒がわからなくなるくらいまで細かくスティックを転がしながらスネアドラム [15] を叩く手法」のことである。このやり方は、バンドの独奏者をしばらく空中に浮上させ、続くスウィングリズムと共に次のコーラスで元の位置に着地させる効果があったという。まさに、メンバーを支えて、盛り上げていくサーバントリーダーのイメージにぴったりである。

　リーダーシップの本質は、「優しく、厳しく」という表現に縮約されるが、アート・ブレイキーは、裏でメンバーたちを支えていくことだけではなく、厳しいコントローラーとしての資質も持っていたようである。それは、アート・ブレイキーの次のような言葉から覗える。

> 私は無秩序が嫌いなんだ。自由は好きだけど、秩序がなければ、困難でしかない。だからわたしたちはアレンジに重きを置いた。そしてスーツを着て身なりをきちんとし、客に対して充分に配慮したんだ。（Alan Goldsher、2002）

　最後に、ビバップのチャーリー・パーカー・バンドに抜擢され、クール、ハードバップ、ヒュージョンジャズといっ

15　ドラムセットのなかで響線が付いている小太鼓。

た時代を牽引したマイルス・デイヴィスのリーダーシップは、「変革的リーダーシップ」に喩えられる。変革型リーダーシップについての議論も様々であるが、ここでは、「既存の価値観、思考方式、部下の態度などを変えさせることこそが、リーダーシップの重要な機能であり、創造的で知的な刺激を与える存在であること、組織の目標達成に向かって主体的に取り組ませることなどが強調されるリーダーシップ」という金井ら（2004）の議論をベースに考えていきたい。

　後に「帝王」ともいわれたマイルス・デイヴィスは、チャーリー・パーカーとの共演で成長していったが、彼の気質上、ビバップとの相性はあまりよくなかったようである。「Birth of the Cool」というアルバムのおかげで、マイルス・デイヴィスはクールの立役者としても知られているが、ハードバップの時代を開いた人物の一人でもある。また、ジャズに初めてエレキ（電化サウンド）を導入したことや、「コード」の変形によるインプロヴィゼーションではなく、音階による「モード」手法を創案したことなど、彼は常にジャズ音楽の最前線に立って、変身し続けた。

　一方、マイルス・デイヴィスは、バンドのメンバーたちに最大限の自由を与えたことでも有名である。彼にとっては、他のメンバーの力量を引き出すことが自分の音楽を表現する方法でもあったようである。マイルス・デイヴィスは、個人の自由が比較的に少なめに許される大きい規模のバンドの時にも、メンバーの個性を活かすことに主力した。また、常に

自分の弱点を補完してくれる相手と作業することを好んでい
たとも知られている。特に、彼はソニー・ロリンズ、ジョン・
コルトレーンなどの豪快なサウンドのサックス奏者を選好し
たが、それは、自分の柔らかいトランペットの音色を補完す
ることが目的だったのではないかと考えられる。

マイルス・デイヴィス

■ リーダーシップ理論の展開

　人それぞれで、多岐にわたるリーダーシップ論は、おおむね３つのステージを辿って発展してきた。まず、はじめに登場したのは「特性理論」で、リーダーには、非リーダーと区別できる特性（Trait、資質）があり、そういった資質を持っている者をリーダーにすべきだという議論である。この理論は、後ほど進化論の優性遺伝子関係の話と結びつけられ、危険視されるようになる。

　次は「行動理論」で、優れたリーダーには共通の行動パターンがあり、その通りに行動すれば誰でもリーダーシップの発揮が可能だという議論である。もし、特性理論が有効であれば、リーダーシップは生まれつきで決まってしまうので、企業はそういう特性の持つ人物探しに努力しなければならない。しかし、行動理論が有効であれば、企業のなかでリーダーシップを教えることができるということになる。つまり、行動理論は、企業内リーダーシップ教育（リーダー育成）の根拠を提供してくれる大事な理論モデルになったのである。

　最後は「状況理論」で、リーダーシップの有効性は状況によって変わるという議論である。リーダーとフォロワーの置かれている状況によって望ましいリーダーシップが違うという議論は、後にLMX（リーダー・メンバー交換）理論やパス・ゴール理論のベースにもなっているが、問題は、実際に状況を特定することが難しいということにある。

Leader based, Follower based, Relationship based

■ 信頼のリーダーシップ

　状況理論の登場により、リーダーとフォロワーの関係に
フォーカスが当てられて以来、企業では「信頼」という概念
がリーダーシップと結びつく主要な要因として考えられるよ
うになった。誰かの後をついていくには、まず、その人が信
頼に値する相手であることが前提であると思われたからであ
る。現在、組織診断のツールとして世界的に活用されている
GPTW（Great Place To Work）インデックスの中でも、リー
ダーシップと関係のある「トラスト（Trust）」のイシューが
大きな部分を占めている。

　では、そもそも我々はいったいどういう理由で他人を信
頼したり不信したりするのだろうか。まず、第一に考えられ

るのは、本人帰属要因で、「能力や行動」の問題である。相手の持っている技術や知識などが優れていて、普段の期待を裏切らない行動をみせてくれる場合、我々は信頼できると思うはずである。

第二は、社会的要因で、「関係性」の問題である。家族などのように持続的に関係を持っていく中で、お互いの意図、関心分野、価値観などを共有しながら生まれる信頼である。

第三は、制度的要因で、法律や組織の「ルール」などによって、相手も守らざるを得ないだろうという期待から発生する信頼である。企業の中では職制のヒエラルキーという制度があるので、社員は課長や部長など役職者の話を信頼することになる。

一方、ロビンス（2018）は、少し違う角度から信頼のリーダーシップを語っている。リーダーの誠実さや正直性、慈愛、能力のような要素と、リーダーを信頼する個人の性向によって組織の中に信頼が形成され、生産性などを向上させるという。

ともあれ、誰かを信頼してついていくということは、その人に支配されるという意味もあるとすれば、信頼の関連要素は、マックス・ウェバーのいう「支配の正当化」問題にも繋がる。「カリスマ的支配」は、人の能力や行動に基づく信頼をベースにしており、「伝統的支配」は、長年持続された関係に基づく信頼をベースにしている。また、「合理的支配」は、ルールや制度に基づいた信頼にその正当化の根拠がある。企

業社会は複雑なので、実際にはこの３つの支配のパターンが
混在していると考えられる。課長、部長など、組織の制度上、
リーダー役を務める人には、合理的支配が認められている。
しかし、時間をかけて組織構成員たちと苦労を共にしながら
何らかの形で能力を発揮したり、一貫した行動をみせたりし
ないと、真のトラスト・リーダーとしては認められない可能
性が高い。

| 図表4－3　組織の中の信頼モデル |

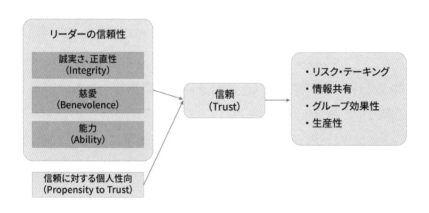

出所: S.P. Robbins & T.A. Judge (2018)

　以上のような側面から先にふれたジャズ・ジャイアンツ
３人のリーダーシップ関連エピソードを考え直すと、まず、
チャーリー・パーカーは、本人の能力や行動によるカリスマ

をベースにリーダーシップを発揮していることになる。アート・ブレイキーは、関係性による伝統的なリーダーシップを、マイルス・デイヴィスは、能力・行動・関係性を兼備したリーダーシップの持ち主であるかのように考えられる。もちろん、これは、あくまでも筆者の知っている彼らの一面だけをみての話であり、何か違うの側面があるかもしれない。周りから真のリーダーであると称賛される人に対しても、多くの部下たちからはそうでないと考えられる可能性はいくらでもある。

　しかし、なぜ、我々は、このような信頼に基づく支配の正当化を必要とするのだろうか。信頼というのは、「知と無知の中間状態でのみ可能だ（Han、2012）」と指摘した哲学者がある。すでにお互いにすべてを知っている状況であれば、信頼は要らない。つまり、我々は相手に対する情報不足が原因で、信頼という曖昧な概念を必要としているのだという。

　カンウラン（2017）は、この信頼の問題についても面白い見解を展開している。ある人に自動車競売場に行って自分の代わりに車を選んでもらうという状況を仮定してみよう。この場合、私は、その人がどのような車を選択してもそれに依存しなければならなくなる。これは、その人の選択へのコントロールを放棄することであり、したがって、その人が私ならするはずの選択をしたとは確信できなくなる。つまり、信頼によって、我々は相手に依存しないといけない脆弱な状況に陥り（脆弱性）、不確実性によるリスクを負い、よくなる

ことを期待するしかない。信頼というものは、何時でも破れる可能性があり、その時は裏切られたと感じるので、我々はよく信頼を口にしながら統制を選んでいく。信頼が破れる状況に出会うよりは、最初から統制を放棄しない方が賢明だという判断からである。

　信頼より統制を選択して大成功した会社がフォード自動車だとも指摘されている。信頼という言葉がどんどん重要性を浴びるようになったのは、すでに統制に限界が訪れたからではないだろうか。つまり、信頼は、ICT など道具の進化で個人の力も強くなり、物理的な統制よりは、コミットメントなど、心理的な要因のコントロールが重要になった状況と深く関係しているのである。こういった議論は、制度経済学分野で発展してきたゲーム理論やエイジェンシー論などに多くの示唆点があると考えられるが、これについてはまた違う機会に考えていきたい。

マネジメント・フォーカス⑩

★ リーダーシップ vs. フォロワーシップ

ロバート・ケリーは、組織の成功においてリーダーが寄与する部分は、多くても 20% くらいであり、残り 80% の部分はフォロワーの寄与部分であるという。LMX（リーダー・メンバー交換）理論にも似ているようだが、ケリーの議論は、リーダーシップではなく、フォロワーシップの土台を築いたことに意義がある。フォロワーシップは、フォロワーが持つ共通の性向や行動様式を包括的に指す言葉である。リーダーシップはフォロワーの特性に合わせて駆使されるべきであるというリーダー・フォロワー統合モデルも登場した。

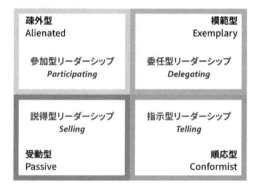

疎外型 Alienated	模範型 Exemplary
参加型リーダーシップ *Participating*	委任型リーダーシップ *Delegating*
説得型リーダーシップ *Selling* 受動型 Passive	指示型リーダーシップ *Telling* 順応型 Conformist

出所：Bjugstad他（2006）から修正

組織の中には優れた業績を上げている構成員と疎外されているように見える存在がいる。LMX 理論は内集団（Ingroup：親密な関係）と外集団（Outgroup：公式的な関係）を区別するが、フォロワーシップではリーダーとの関係ではなく個人の性向に関心がある。

ジャズ・スペシャル⑩

Round about midnight

Miles Davis

原曲は、ジャズ・ピアニストのセロニアス・モンクによる 1944 年の作品である。1986 年、同名の映画（about は取れたが）の主題曲として使われ、一般にも広く知られるようになった。セロニアス・モンクは、ビバップ時代に活躍した天才ピアニストで、70 曲近くの作品を残した作曲家でもある。

この曲は、ジャズ史上一番多くカバーされたといわれるほどの有名曲で、モンク自身も何回か違うテイクのレコーディングを残したことがある。マイルス・デイヴィスのこの演奏は、特有の音色で淡々とした演奏を披露していて、抑制されながらも曲のタイトル通りの情緒豊かな表情を表している。マイルス・デイヴィスは、天才のチャーリー・パーカーのようには演奏できないことを早くから悟って、自分のみの道を開拓した努力家として称賛されるべきかもしれない。つまり、自分の弱点を知り尽くしたので、様々な実験を重ね、クール、ハードバップ、エレキなど、新しい時代を切り開いていったのではなかろうか。マイルス・デイヴィスがこの曲を録音したのは 1955 年のことで、当時「ニューポート・ジャズ・フェスティバル」に出場し、圧倒的な成功を収めたことがきっかけである。この曲で見られるような繊細な響きの演奏スタイルはバラードプレイヤーとしての名を高くし、やがてマイルス・デイヴィスは、1950 年代前半の苦境を乗り越え、スーパースターの座を手に入れた。

4.3. ジャズ・ジャイアンツのモチベーション

　アマビール（1998）は、創造性の３要素の一つとしてモチベーションを挙げているが、他の２つの要素とは少し違う説明をしている。専門性・専門能力と創造的思考スキルは、本人にその意思があれば自然と身につけていくものであり、個人にとってのいわば天然資源と考えられるが、モチベーションは、人々が実際に何をするかを決定するものである。つまり、ある仕事を実行するためのモチベーションが欠けていたならば、専門性・専門能力と創造的思考スキルは活用されないか、あるいは他のものに対して使われることになるという。

　では、ジャズ・ジャイアンツたちがジャズの世界に入って優れた業績を残した背景には、どういったモチベーションがあったのだろうか。ここでは、ルイ・アームストロング、デューク・エリントン、チャーリー・パーカー、マイルス・デイヴィスなど、ジャズ・ジャイアンツと称される人物たちのジャズ入門の動機を探りながら組織におけるモチベーション・マネジメントの問題を考えていきたい。

■ 外発的動機のルイとデューク

　ペリー（1996）によると、ジャズ・ジャイアンツたちの
ジャズ界入門のきっかけは、当然ではあるがそれぞれ違う。
まず、ルイ・アームストロングの場合は経済的な理由である。
生まれてからすぐに両親が離婚し、祖母に預けられて貧しい
町で育った彼は、いつも裸足で歩き回り、裾を丸めたお下が
りの大人用ズボンや、だぼだぼの半ズボンをはいていたとい
う。彼は、幼い頃から盗みを含む、生きていくための幾つか
の手段を身につけていたが、四重唱団を作って路上で歌い、
コインを投げ入れてもらうことも小遣い稼ぎ手段の一つであ
った。彼の金儲け優先主義は有名で、ニューヨークに彼とと
もにやってきて、ずっと一緒に活動していたニューオーリン
ズ出身者たちのバンドと、もっと経済的条件のいい仕事との
二者択一を迫られた時、彼は何らことわりもせずに昔からの
バンドを一蹴してしまい、旧友から生涯の恨みを買ったこと
もあったと知られている。

　デューク・エリントンの場合は、ルイ・アームストロン
グとは違って、裕福な家庭で生まれ育ったので、彼のジャズ
界入門の動機は経済的な理由ではなかった。母親に連れられ
て習い始めたピアノにもあまり興味がなく、絵画に関心を見
せていた彼が音楽に興味を持つようになったのは、多少不純
な動機からだという。つまり、ピアノを弾くと綺麗な女の子
に「もてる」という噂を聞いて音楽に夢中するようになった
ということである。その願いがかなったのか、高校時代に早

くも幼馴染の女性と結婚して子供が生まれたことで学校を中退する。それで生活費を稼がなければならなかったデューク・エリントンは、否応なしに作曲やバンド活動を続けるしかなかったようである。

　つまり、ルイ・アームストロングは完全に経済的な理由から、デューク・エリントンには「女とお金」がジャズで生きるきっかけになったわけである。デューク・エリントンの場合、苦境の時にも自分のオーケストラを維持しようと努力したので、必ずしもお金目当てで音楽活動を続けたとは言い切れないが、少なくとも入門の動機はそうだったと考えられる。

　人間は様々な状況に置かれていて、それぞれ違う何かを欲しがる存在である。この人間の欲望が動機付け理論の大きなテーマになる。ルイ・アームストロングやデューク・エリントンのように、人間は、お金や遊びなど、外部からの刺激やインセンティブで動機付けられると主張するのが外発的動機付け論である。

■ 内発的動機のチャーリーとマイルス

　チャーリー・パーカーの場合は、前述した二人とは違って、偶然の出来事と、楽器へ魅了されたことがジャズ界入門のきっかけであったと言われている。彼が通った高校にたまたま伝統のあるマーチング・バンドがあり、入団してすぐアルト・

サックスという楽器へ強烈に惹かれたという。彼は母親に強請って貯金まで崩してもらいボロボロのものではあったが楽器を手に入れバンド活動に夢中になり、夜勤掃除の仕事に就いていた母親の目を避けて、レスター・ヤングの徹夜ジャム・セッションに通ったりした。そんなある日、彼はジャム・セッションに参加する機会があったが、音楽的基礎がなかったため、ソロで大失敗する。大きな屈辱感を味わった彼は、ひたすら12音階の練習に励み、独学で全てを習得してしまったという。当時、ほとんどのジャズ・ミュージシャンが3つか4つのキー（調性）だけで演奏したことを考えると、彼の無知と傲慢さが、結果としては彼の並外れたハーモニーの基盤となったわけである。チャーリー・パーカーも15歳ですでに赤ちゃんをみごもっていた女性と結婚したのでお金は必要だっただろうが、経済的な観念はあまりなかったようである。

　マイルス・デイヴィスはどうだったのだろうか。歯医者さんの息子として生まれ、他のミュージシャンとは違って裕福な環境で育った彼は、9歳の頃からトランペットに興味を持ち、高校時代まで様々なレッスンを受けながら学校のバンドで演奏するなど、音楽に魅了されていたようである。その彼が本格的にジャズの世界へ突入したきっかけは、つぎのような本人の話から考えると一言で「憧れ」である。

> 　俺の人生の最高の瞬間は…セックス以外のことだが、そ
> れはディズとバードが一緒に演奏しているのを初めて聴い
> た時だった。ちゃんと憶えている。1944 年、ミズーリ州セ
> ントルイスだ。ミシシッピ川を挟んで、ちょうどイリノイ
> 州東セントルイスの反対側。俺は 18 歳で、リンカーン高校
> を卒業したばかりだった。"ミスター B" のバンドでディズ
> とバードを聴いて、俺は叫んだ、「ワア、これは何だ！？」。
> ものすごすぎて、恐ろしくなったほどだ。あの "B" バンドが、
> オレの人生を変えてしまったんだ。その夜、オレは決心した。
> セントルイスを出よう、こんなすごいミュージシャンがい
> るニューヨークに行こうってな。(後藤、2010)

　つまり、チャーリー・パーカーとマイルス・デイヴィス
のジャズ入門動機は、お金など何らかの外部的インセンティ
ブではなく、やってみたい、あの人のようになりたいという、
憧れや夢見ることという、自分の内部からの欲望であったの
である。このように、人間は報酬のためだけではなく、知的
好奇心や向上心を持っていて、楽しいから自発的に一生懸命
になると主張するのが内発的動機付け理論である。

■ 動機付け理論とロウソク問題

　組織行動論で、モチベーションとは、「何かをしようとす
る意志であり、その行動ができることが条件付けとなって、

何らかの欲求を満たそうとすること」として定義されている。ここで、欲求とは、生理的あるいは心理的な欠乏のある状態を指す。経営学の世界でこのようなモチベーションの問題は、マズローの欲求5段階説、マクレガーのX・Y理論、ハーズバーグの2要因理論、期待理論、目標設定理論、強化理論、職務設計理論、公平理論などの理論的発展とともに様々な議論がなされてきた。以下では、そのなかでも内発的・外発的動機付け理論について考えていきたい。

　これに関しては、ダニエル・ピンクが2009年のTED Talksで行った短いスピーチが非常に説得的である。彼は、1945年に心理学者カール・ドゥンカー（Karl Duncker）によって考案された「ロウソクの問題（The Candle Problem）」を題材にして面白い説明を行った。ロウソク問題とは、＜図表4−4＞の（a）のように、ロウソクと、画鋲と、マッチを渡され、「テーブルに蝋がたれないようにロウソクを壁に取り付けてください」と言われたら、多くの人は画鋲でロウソクを壁に留めようとするが、正解は（b）でみるような画鋲箱を使うことである。最初に画鋲箱を見て、単なる画鋲の入れ物だと思ったら駄目で、ロウソクの台にもなることを認識しないといけないということである。

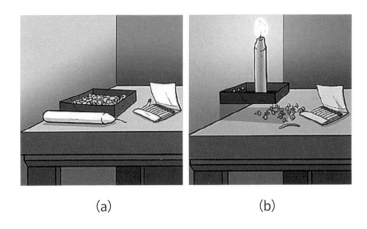

(a)　　　　　　　　(b)

出所: www.joins.com

　ダニエル・ピンクは、このロウソクの問題を使った他の関連実験を紹介しながら、科学と企業現場の乖離を指摘している。つまり、金銭的報酬を提示されたグループが、そうでなかったグループに比べて平均で3分半余計に時間がかかったという実験結果をベースに、人々により良く働いてもらおうと思ったら報酬を出せばいいという、米国のビジネスの世界での常識を強く批判したのである。勿論、金銭的な報酬が機能するケースもある。別の実験だが、箱に画鋲が入っていない状況で同じ条件を提示したら、インセンティブが与えられたグループの方が勝ったということである。箱に画鋲が入っていなかったら問題はバカみたいに簡単になるからであるという。少し長いが、以下ではダニエル・ピンクの生々しい話を引用しておきたい。

成功報酬的な動機付け「If Then 式に、これをしたらこれが貰える」というやり方は、状況によっては機能します。しかし多くの作業ではうまくいかず、時には害にすらなります。これは社会科学における最も確固とした発見の一つです。そして最も無視されている発見でもあります…。ビジネス運営のシステム、つまりビジネスの背後にある前提や手順においては、どのように人を動機付け、どのように人を割り当てるかという問題は、もっぱら外的動機付け、アメとムチにたよっています。20 世紀的な作業の多くでは、これは実際うまくいきます。しかし 21 世紀的な作業には、機械的なご褒美と罰というアプローチは機能せず、うまくいかないか、害になるのです…。報酬というのは視野を狭め、心を集中させるものです。報酬が機能する場合が多いのはそのためです。だからこのような狭い視野で目の前にあるゴールをまっすぐ見ていればよい場合には、うまく機能するのです。しかし本当のロウソクの問題では、そのような見方をしているわけにはいきません。答えが目の前に転がってはいないからです。周りを見回す必要があります。報酬は視野を狭め、私たちの可能性を限定してしまうのです…。ホワイトカラーの仕事には、このような (サルでも分かる) 種類の仕事は少なく、このような (本当のロウソクの問題のような) 種類の仕事が増えています…。(翻訳文の出所：www.aoky.net)

■ 動機付け理論のマネジメントへの応用

　筆者の経験からすると、成果主義に走っている経営の現場でもこういった科学的研究の結果を否定しているわけではない。では、なぜビジネスの現場では報酬などの外発的動機付け手段が依然として強く支持されるのだろうか。そこには幾つかの理由がある。

　まず、第一は、わかりやすくて、比較可能だからメンバー同士の競争心や向上心を引き出しやすいということである。貨幣で与える報酬は、細かい単位で分割できるため、社員個人の貢献度に合わせて分配できるメリットがある。個人ではなく、組織の中の人間は、自分のインプット・アウトプットと同僚のそれを比較するようになるため、「やった！」という自己満足だけでは物足りない。

　第二は、企業の管理システムがまだ個別管理に対応できてないということである。人々の欲求は本当にそれぞれなので、企業が従業員の欲望すべてを察知して満たせることは不可能に近い。人間は場合によっては誰にも知られたくない内密な動機で働く場合もあるのでなおさらである。特に、日本や韓国企業のように、新卒採用が多く、入社同期別の集団管理体制が定着している場合は、組織の中で個人は見えない。大卒の入社同期だと、初任給何万円という一律処遇で、企業の中ではみんな同質的な人間として扱われている状況を思い出してほしい。もし、会社側が AI などを活用し、従業員個人の欲求を察知して、それぞれ対応可能な管理体制を作ったと

しても、上手く機能するかどうかは疑問である。内発的な満足感がお金のように明確に区別できない限り、分配における公正性の問題が常に出てくるからである。

　もう一つ考えられる理由は、労働市場との関係である。徹底した成果主義を標榜している会社には、当然ながら野心満々な能力のある人材が集まる可能性が高い。

　企業は、どんなに綺麗なキャッチコピーを掲げていても、根本的には利益追求を第一の目的にして動いている集団である。非営利を標榜する社会的企業、あるいは、使命感や貢献意欲に燃えているほんのわずかな存在を除いて、多くの起業家は稼ぐために起業するのである。企業の従業員たちも最初は生活手段として稼ぐために就職を決めるケースが多いだろう。従って、お金などのインセンティブ無しで、内発的動機付けだけで一生懸命に働いてくれることを期待するのは理にかなってない。もちろん、企業も人間集団なのでお金以外の部分も無視できないが、だからといって企業の経営者が従業員に内発的動機付けや自己実現などを強調するのもおかしい話である。

　一方で、営利追求集団としての企業とは違って、そこで働く人間は、目先の利益だけ考えて仕事をしているとは思えない複雑な存在である。仕事に興味を感じ、楽しくやっている人にご褒美を用意すると、ご褒美をもらうことが目的になり、自発的な努力が減る現象も報告されている。ダニエル・ピンクも指摘したように、クリエイティブな仕事の場合、外

部からのインセンティブがその仕事を阻害する場合もある。

　実際に、多くの企業は、金銭的インセンティブ以外にも従業員の内発的動機を少しでも満たせるよう様々な工夫をしている。担当の仕事にやりがいを感じるよう仕事そのものを見直したり、仕事をするプロセスが楽しくなるように工夫したりしている。行き過ぎた成果主義で過度な競争状況に陥らないように様々な工夫をする企業もある。第1章でみたように第三世代のスピードと称される「実験スピード」の場合、小規模の失敗を重ねることが必須である。パラドックスのようだが、成功のためには失敗を奨励しないといけないので、金銭的インセンティブだけを強調してはいけなさそうである。

マネジメント・フォーカス⑪

★ 金銭的報奨 vs. 非金銭的報奨

　アマビールやダニエル・ピンクは、クリエイティブな仕事における内的動機を重視したが、外的報奨も創造的成果に貢献できるという主張もある。外的報奨は当該の仕事が重要であることを組織内に示す証であり、努力と報奨に対する学習効果もあるという理由からである。外的報奨には、金銭的・非金銭的報奨があるが、従業員の創意性を高めるには、上司や同僚からの称賛、認定、肯定的なフィードバックなどの非金銭的な報奨の方がより効果的だという話もある。しかし、忙しすぎる現代企業のマネージャーにとって、対面面談などを通じて直接褒めたりするのは手間暇かかる仕事だし、照れくさくて表現できない人も多いはずである。お金でわかってくれるなら簡単であるが。

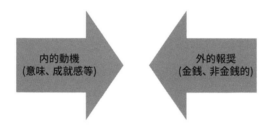

内的動機
(意味、成就感等)

外的報奨
(金銭、非金銭的)

　「これくらいしかもらえないだろうからこの程度にしておく」、あるいは、「こんなにもらってるんだからもうちょっと頑張らなくちゃ」。どっち派が多いのだろうか。労働に対する報奨が少ないほど何らかの意味付けが必要になるかもしれない。最初はお金目当てで仕事を始めても、その仕事に慣れていく内に何らかの意味を求めるのが人間ではないだろうか。

ジャズ・スペシャル⑬

Summertime

Charlie Parker

　原曲は、「ラプソディ・イン・ブルー」などで有名なジョージ・ガーシュウィンの作品で、1935 年、「ポーギーとベス」というオペラ挿入曲として作曲されたものである。この曲も数え切れないほどカバー曲が多いが、チャーリー・パーカーのこの演奏は特別である。ビバップらしいものではなく、弦楽器群の演奏をベースに流麗で凛とした演奏を聴かせてくれる。

　ジャズ通から神様みたいに称えられるチャーリー・パーカーだが、筆者には長い間厄介な存在であった。ハード・ロック嫌いな人がそれを聴かないといけないような気持ちだったが、この曲を聴いてから印象が変わった。凄腕のハード・ロッカーが歌う哀愁に満ちたバラッドみたいな感じがしたのである。原曲に馴染んでいたからの感覚だったかもしれない。チャーリー・パーカー苦手のジャズファンにお勧めのアルバムである。彼がこの曲をレコーディングしたのは 1949 年のことで、当時の雰囲気からすると、クラシック音楽で使われる弦楽器をバックにしてジャズを演奏することは、商業的な活動として看做され、ジャズ・ミュージシャンたちにはあまり好まれなかったという。つまり、ジャズ・ミュージシャンが本格的にストリングスと共にレコーディングしたのはチャーリー・パーカーが初めてであり、このアルバムの大きな成功により、「ウィズ・ストリングス」は、ホーン奏者の夢にもなったと言われている。

4.4. ライバル関係と「協争」

　メガコンペティションやハイファ―コンペティション時代と言われている現代社会を生きる多くの人々は、中身はどうであれ、「スロー・ライフ」という言葉に惹かれるほど、コンペティション（競争）状況に疲れやストレスを感じている。行き過ぎた競争意識でお互いに破滅的な状況に陥るケースも少なくないので、当然のことだとは考えられる。しかし、多くの場合、競争関係の形成はプラス効果があり、特に企業の成長の原動力として作用してきたことは否定できない。なにより、競争相手、つまり、ライバルからの刺激は、本人の競争力を向上させる大きな力になる。個人であれ、集団であれ、そのような競争は、それを見守る観衆の楽しみでもある。

　ジャズ音楽の世界もライバルたちの競争によって発展し、市場も成熟してきた。そのなかでも本格的なジャズ形成期に交流しながら競争した黒人のルイ・アームストロングと白人のビックス・バイダ―ベック（1903〜1931、コルネット奏者）は、特筆すべき人たちである。彼らによってジャズ音楽の世界はより楽しくなったからである。また、1930年代にはベニー・グッドマンとチック・ウェブ（1909〜1939、ドラマー）が、自分のスウィングバンドを率いて演奏対決をしたあるクラブに4千人の観衆が集まったことも知られている。現在、我々がスポーツなどのライバル・マッチに熱狂することと同じで

ある。戦後、ジャズとポップの間を往来しながら大衆的な人気を集めたフランク・シナトラ（1915 〜 1998、ヴォーカル）とナット・キング・コール（1919 〜 1965、ピアニスト、ヴォーカル）も同時代ライバルの代表的な存在である。

■ ホット（Hot）なルイ・アームストロング

　ルイ・アームストロングは、不明な点もあるが、1901 年、ニューオーリンズで生まれたと知られている。両親の離婚により祖母の下で育った彼は、祖母と一緒に教会に通ったという。教会合唱団や牧師のシャウトなど、彼の最初の音楽体験はゴスペルにあったかもしれない。小学校時代には四重唱団を作り街頭で歌い始める。11 歳の時には町のパレードでピストルを発射し、少年院に収監されることになるが、ルイ・アームストロングにとってこの時期は実力を磨く大きなチャンスにもなった。当時の少年院にはブラスバンドがあり、休日にはジャズ・クラブで演奏会を行ったりしたが、ルイ・アームストロングはそのブラスバンドのリーダーとして成長したのである。少年院を出た彼はシカゴに行ってキング・オリバー・バンドに参加する。その後の彼の演奏スタイルは実に多くのジャズ・ミュージシャンに影響を与えた。

　より具体的にみると、サックス奏者コールマン・ホーキンスは、元々リズム楽器のように吹いたが、ルイ・アームストロングの演奏を聴いてからアドリブ楽器としてのサックス

奏法を開拓するようになったという。ピアノもそれまでには
ピアニストが無伴奏でソロ演奏をするか、バンドにピアノの
音が埋もれないように力強く楽器を鳴らすことが定番の演奏
であったが、ルイ・アームストロング以来、多くのピアニス
トたちは、右手でアドリブ・フレーズ、左手でコード（和音）
を押すという、現在にはジャズピアノの基礎として知られて
いる演奏スタイルを作り上げた。また、ルイ・アームスト
ロングの演奏に魅了された編曲者（ドン・レッドマン）は、ル
イ・アームストロングの持つ演奏力量を最大限引き出すため
に新たな類型の楽譜を考案し、ビック・バンドの新しい編曲
方式を構築した人物として知られるようにもなる。ジャズ・
ヴォーカルにスキャット・唱法を導入したこともルイ・アー
ムストロングの功績である。彼は、コルネットの音をそのま
ま人間の声に写したようなスタイルで歌った。もちろん、ル
イ・アームストロング以前からジャズ音楽は存在したが、彼
によってはじめてジャズは個人技の音楽、アドリブ（インプ
ロヴィゼーション）の芸術としての形が作られたのである。

■ クール（Cool）なビックス・バイダーベック

　ビックス・バイダーベック（1903 〜 1981）は、ドイツ移
民の子孫としてアイオワ州で生まれた。15 歳の頃からコルネ
ットを吹き始めた彼は、ODJB のレコードを聴きながら独学
でジャズを学び、18 歳の頃から大衆の前で演奏をはじめる。

ルイ・アームストロングがニュー・オーリンズからシカゴに移住してキング・オリバー・バンドで人気を集めるようになった 1923 年に、ビックス・バイダーベックは、ウルヴァリンズという、後に最初のシカゴスタイルのジャズ・バンドとして評価されたバンドで演奏をしていた。ビックス・バイダーベックの演奏の特徴としては、後日マイルス・デイヴィスに繋がるノン・ヴィブラート奏法、黒人の過度な感情噴出を排除した簡潔で軽快な多声音楽形式の即興演奏、ヨーロッパの近代音楽を反映したハーモニック・センスなどが言われている。

　ビックス・バイダーベックの全盛期は、ルイ・アームストロング・スタイルが流行った時期であったことを考えると、彼の奏法が如何に独創的で新鮮だったかはいうまでもない。ビックス・バイダーベックの即興的なフレーズにはピアノを弾いた母親の影響で吸収したヨーロッパ音楽の影があるという論者もいる。

　ヴィブラートを使用しない独特な演奏法は、ヨーロッパのトランペット奏者たちには普通で、感情過剰の反対側にある明晰さ、洗練さなどのキーワードがヨーロッパ文化の伝統であるという。28 歳の若さで亡くなってしまい、伝説的な存在になった彼にはある種の評価が付きものである。ジャズ音楽の暗い側面、つまり、憂鬱で、孤独で、感傷的な、まるで捨てられた人の悲しみみたいなものが感じられるという。ビックス・バイダーベックは、華麗だが憂鬱、退廃的で浪漫的な時代だと言われたシカゴスタイルの証人としても評価され

た。ドイツのジャズ評論家のベレントは、ビックス・バイダーベックによってドイツの浪漫主義とそれに潜められた全ての情緒がジャズに導入されたとまで指摘している。

　つまり、ルイ・アームストロングにアフリカの音楽的遺産があるとすれば、ビックス・バイダーベックにはドイツの浪漫主義があったということである。このような見方から、それまでに黒人のコピーにとどまっていた白人たちのジャズ演奏がビックス・バイダーベックの登場によって初めてルーツのあるオリジナリティを獲得したと評価する人もいる。黒人の真似ではなく白人なりのジャズが可能だということをビックス・バイダーベックが示してくれたのである。

ビックス・バイダーベック

■ ライバルの競争とジャズの調和

　トビアス（2003）は、ストーリーを構成する面白いプロットの一つにライバルの存在を挙げている。二人が同じ目的を持って闘うときにライバル関係が形成されるが、ストーリーにライバルを登場させるには一定の規則があるという。それは、敵対する２つの勢力が同じ力を持つことで、物理的な勢力の大きさではなく、筋肉質の巨人に比べて身体的に弱い人は知能などで闘えるという意味である。いずれにせよ、二人が同時に勝利することはあり得ず、「一人は勝ち、一人は負け」というのがトビアスのライバル観であるが、ジャズの世界においては状況が違うようである。韓国ジャズの第１世代の一人として称えられているキム・ジュンは次のように語ったことがある。

　　「ジャズの世界には張り合いがない。他のジャンルは演奏者同士で競争意識があるが、ジャズ・ミュージシャンたちはお互いを認め合うのが良い。ジャズ・ミュージシャンが一番望んでいるのは、レベルの似た演奏者同士で共に呼吸を合わせることであり、そのようにするためには絶え間なく練習するしかない」（ドンア日報、2011.1.21）

　もちろん、すべてのジャズ・ミュージシャンがそうであるとは言えないだろう。個人と集団の調和を具現するジャズ音楽をやっている人たちなので、ライバルに対しても少し違

う見方をしているのかもしれない。実際に、ルイ・アームストロングもビックス・バイダーベックの音楽が好きで、彼の演奏をよく聴きに行ったと知られている。

　筆者の好きな日本漫画に手塚治虫の『ブラック・ジャック』シリーズがある。ある日、書店で「心の傷を治す99の言葉」という副題で『ブラック・ジャック語録』をみつけて一瞬で読んだが、そこにもライバルに関する話が出た。天才的な外科医であるが無免許医師として闇の世界でいきているブラック・ジャックだが、彼のライバルは、ドクター・キリコのような悪徳医師ではなく、自分並みの腕を持っている他の医師だということである。語録編集者によると、ドクター・キリコなどは、職業は同じだが、目指すものや、やり方で大きな違いがあるから真のライバルとは言えない。ブラック・ジャックは自分の腕で患者を直すことが目的であり、お金が目的ではないからである。独りぼっちの自分にも仲間がいるという嬉しさ、お互いに尊重しながら正当なやり方で競い合うことの大事さを言っているのである。いずれにせよ、お互いの心の支えになる刺激的な関係こそ真のライバル関係ではないだろうか。

　敵対的な関係でお互いに破滅的な競争を繰り広げているライバルも、善意の競争関係を通じて共に成長しているライバルも、それを見守っている観衆の立場からは楽しい「見もの」である。ただ一つ指摘しておきたいのは、小説のなかのライバルは、片手が破滅しないと面白くないかもしれないが、ビ

ジネス世界では必ずしもそうではないということである。合法的で正当なやり方での競争が求められているビジネス世界では、ジャズ・ミュージシャンのようなプラス的なライバル関係がより重要である。ルイ・アームストロングとビックス・バイダーベックがそれぞれ優れたトランペット奏者としてお互いを意識しながらホットとクールという創造的な独自の領域を構築し、ジャズファンが増え続けたことと同じく、個人、組織、企業間においても「Win-Win」の競争関係の形成が重要ではないだろうか。

■ 新たなビジネス・パラダイム、「協争」

　近年の企業間競争は新しい局面に向かっているようである。競争するだけではなく、協力すべきことは協力するという動きである。マーケティング戦線では血まみれの戦いになるかもしれないが、物流などお互いに競争力のない分野では協力するなどの事例がそれにあたる。過去にも類似した事例がなかったわけではないので、新しいパラダイム云々は言い過ぎかもしれないが、特に21世紀に入ってから頻繁に事例を見かけるようになったのも事実である。実際に、2017年1月3日の日本経済新聞には、「協争」の時代が来たというタイトルの記事もあった。競争相手であるハウス、カゴメ、味の素の3社が2014年から配送部門で手を組むようになったことや、2008年からヤマハ発動機とホンダが小型スクーター開

発と生産に協力するようになったことなどの事例をベースに、昨日の敵は今日の友という副題を付けている。

　勿論、このようなライバル同士の協力関係は、日本国内で日本企業同士の間だけの話ではない。もう十数年前のことであるが、テレビ市場で激しい戦いを繰り広げていたソニーとサムスン電子が手を組んで、LCDパネル製造専門の会社まで作って、世界のプラット・テレビ市場でLCDテレビの優位を確固たるものにしたのは有名な話である。つまり、グローバルの時点で日常的に企業間の合従連衡が行われているのが現実であると言えよう。このような現象は、ジャズ・ミュージシャンが、実力さえあれば、誰とでもインプロヴィゼーションができるという話と同じである。

マネジメント・フォーカス⑫

★ 統制 vs. 自律

　部下にどのレベルまで権限を委譲して自律に任せたらいいのかというテーマは、経営者（マネージャー）の永遠の悩みである。これには、信頼の問題が関わっているため、経営者の人間観が問われる問題でもある。経営者が自分の立場について、相反する利害をベースにしたエイジェンシー契約関係として捉えるか、支配人のように自分のアイデンティティーを職場と同一視することを期待するかによってマネジメント手段に対する解釈も分かれていく。人間の本性にもかかわる話なので、職場内には両方共にありうることを前提に同時に考えていくのが現実的であろう。

	代理人（Agency Theory）	支配人（Stewardship Theory）
モニタリング	・従業員が経営者の意図と違う方向に向けて仕事をすることを防止するための装置	・従業員が自分の仕事に対して主導的なリーダーシップを持っているのかを観察するための装置 ・従業員の仕事への没入を阻害するものを察知し、除去するための観察
インセンティブ	・金銭的インセンティブ	・非金銭的インセンティブ（成長へのチャンスなど）

出所: チョン&他（2015）から作成

　特に、第4次産業革命とも言われる変化が進むこれからの時代には、個人の自由度が高くなるため、自律的な業務遂行が重要になる。しかし、モラルハザードを回避するためには、目に見えない監視機能の周知など、新たな次元のコントロール手段の工夫も必要になるだろう。

ジャズ・スペシャル⑫

Don't Explain

Helen Merrill

ビリー・ホリデイが実体験を歌にしたことで有名な 1946 年の作品である。浮気して帰ってきた旦那さんに「言い訳しないで」と訴えた時の気持ちを込めて作ったと言われている。しかし、「貴方が帰ってきただけで嬉しい、私は完全に貴方のもの、貴方は私の楽しさであり苦痛…」などの歌詞を複雑な生い立ちの彼女の人生に照らして考えると、本当にそんな気持ちだったのかは疑わしい。

ビリー・ホリデイ自身の体験であるだけに本人の歌で聴くこともお勧めだが、数多くあるカバー曲のなかで特筆すべきなのがヘレン・メリルのこのアルバムである。このアルバムは、トランペットのクリフォード・ブラウンがサイドマンとして演奏に参加したことで有名なので、トランペットの間奏部分も聴きどころであるが、ヘレン・メリルの濁声の歌も尋常ではない。金髪の美人ヘレン・メリルは、多くのジャズ・ジャイアンツから可愛がってもらったようだが、日本での人気は特に高く、「ニューヨークのため息」という渾名まで得たほどである。

ヘレン・メリルは、1929 年ニューヨーク生まれで、幼い頃から歌に才能があり、15 歳の頃から両親の目を避けてプロの舞台で歌い始めたという。しかし、どんどん人気者になり、ついに、アル・ハインズ楽団に入団してからは、それ以上その活動を隠すことができなくなり、大騒ぎになったと知られている。

4.5. ジャズの誕生物語とグローバル・ダイバーシティ

　ジャズ音楽は、米国ルイジアナ州のニューオーリンズから始まったと知られている。ルイジアナ州は、元々スペイン領であったが、フランス領になったり、再びスペイン領になったりした複雑な歴史を持っている地域である。最終的には、1803年、三代目アメリカ大統領のトーマス・ジェファーソンがフランスのナポレオンから1,500万ドルで買収し、現在に至っている。このような歴史的な背景もあって、ニューオーリンズはダイバーシティの豊富な地域になっていた。ニューオーリンズでは、人種も言語も多様で、フランス語、スペイン語、英語、クレオール語が通用され、建築様式、服装、慣習、料理、話し方などもそれぞれであったのである。当時の音楽的環境も同じで、19世紀のニューオーリンズ舞踏会で演奏されたのは、ヨーロッパ流れのマズルカ、フォルカ、ワルツなどのクラシカル舞曲であり、街角では黒人ブラスバンドの演奏や世界各国語の歌が流れたと知られている。要するに、ジャズは、こういったダイバーシティの中から生まれた新しいスタイルの音楽だったのである。

■ 創造的なアウトプットには「産婆役」が必要

　ここで一つの疑問が出てくる。果たしてダイバーシティがあるだけで、創造的な音楽が生まれたのだろうか。つまり、多様な構成員で成り立つ組織であれば、どんな組織であっても創造的なアウトプットを生み出す組織になるのだろうか。

　当然だろうが、ダイバーシティの確保は創造的な組織づくりの必要条件にはなるが、十分条件ではない。まず考えられるのは、世の中にない新しいものが生まれるためには「産婆役」のような存在が必要だということである。ジャズの誕生においても、ニューオーリンズに溢れていたダイバーシティを織り出す産婆役があったと考えられるが、そこで注目すべき存在がヨーロッパ音楽の素養を備えた「クレオール」である。クレオールは、白人（主にはフランス人とスペイン人）と黒人の混血である。特に、フランス領のルイジアナ州のニューオーリンズに住んでいたクレオールは、独自の奴隷解放規定により特権階級に成長していた。この奴隷解放規定とは、「子女は母親の身分に従うが、白人である主人が死亡する場合、妾だった黒人女性は奴隷から解放され、その間で生まれた子女も自動的に解放される」ということである。

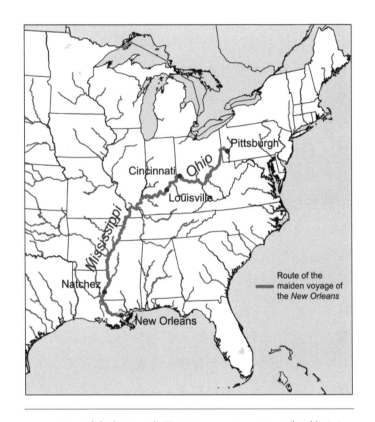

Route of the
maiden voyage of
the *New Orleans*

　ジャズ音楽は、米国のニューオーリンズで始まり、
ミシシッピ川を北上し、シカゴ、ニューヨークに伝わった

1803 年、ルイジアナ州をアメリカに売るときにフランスがクレオールの身分維持を条件にしたこともあって、1850 年代にはクレオールの繁栄が絶頂期を迎えるようになる。当時のクレオールは、黒人奴隷を持っていて、町の中心部に住みながらフランス語を日常用語として使い、カトリック教会で洗礼を受けたと知られている。つまり、あの「アンクル・トムの小屋」の時代に、黒人奴隷と似たような有色人種のニューオーリンズクレオールは、子供にヴァイオリンやピアノを教えたり、フランスに留学させたり、クレオール・オンリーの交響楽団まで作って楽しんだりしながら、白人と同じレベルの生活を享有していたのである。しかし、南北戦争（1861 ～ 65）による奴隷解放は、クレオールのこのような生活に大きな変化をもたらした。最初は、英語を話す無学の黒人奴隷出身者とクレオールを区別するため、「有色クレオール、クレオール黒人」などの呼び方が一般化されたが、1876 年、ジム・クロウ法（1964 年まで存続）の成立によって、クレオールの身分は急落することになる。ジム・クロウ法は、「一滴規定（One-drop rule）」で有名である。要するに、「一滴でも有色人種の血が流れているのであれば有色人種としてみなす」ということである。やがて 1894 年にはクレオールを黒人と同じく処遇するという法案が成立し、クレオールは既得権をすべて失うことになる。
　さらに、「白人同盟」の活躍などにより、クレオールは公

職から追放され、家業を奪われ、カトリック教会から登録が抹消され、町の中心部からも追い出されるようになる。奴隷出身の黒人と同じ扱いになって生活に困ったクレオールのなかには、音楽を演奏したり、音楽を教えたりしながら延命する人が多くあったと知られている。この人たちが黒人音楽とヨーロッパ音楽を融合させ、新たな音楽を生み出す産婆役を担ったのではないかと考えられる。それは、クレオールの存在がなかった時の黒人音楽を考えると自明である。事実かどうかはよくわからないが、当時の黒人たちは、南北戦争で敗戦した南軍の軍楽隊から流された楽器を安く手に入れ、持ち遊んでいたと言われており、それがジャズ音楽に繋がったという物語がある。しかし、無教育で、楽譜も読めなかったミュージシャンだけでは、ジャズ音楽への発展は難しいはずである。そこにヨーロッパ・クラシック音楽の素養を持ったクレオールが大きく貢献したと考えられる。クレオール出身のピアニストであるジェリー・ロール・モートンが「ジャズ音楽は自分が作ったものだ」という自慢話を残し、ジャズ史において大きなホラ吹きになったのもこうした背景があったからであると考えられる。

■ 企業組織における産婆役、ゲートキーパー

　今日の企業社会を 100 年前のニューオーリンズに比較するとどうなるのだろうか。まず、考えられるのは、グローバ

ル企業の社員は、国籍と人種が多様で、現場で使う用語も様々である点で似ているということである。問題は、そのようなダイバーシティのなかで、ジャズ音楽の誕生みたいな、シナージから生まれる創造的なアウトプットがなかなか出てこないことである。

　では、グローバルに通用するビジネス文法を身に着けた、ニューオーリンズのクレオールみたいな産婆役は企業組織の中にはないのだろうか。もちろん企業組織の中にも異質的なメンバーの間でインタラクション（Interaction）役割の可能な人は多い。グローバルな状況を考えると駐在員や海外留学など海外での生活経験がある人、技術と経営を考えると「MOT（Management Of Technology）」の教育を受けた人や両側の仕事経験のある人などがそれに当てはまるだろう。

　ここで特筆しておきたいのは「ゲートキーパー」の存在である。高橋（2000）によると、ゲートキーパー（Gate Keeper）とは、直訳すれば「門番」のことだが、経営学では、組織や企業の境界を越えて、その内部と外部を情報面からつなぎ合わせる人間のことを指す。より高度な専門知識をもつゲートキーパーが存在する組織は、他の条件を一定とした場合、それが存在しない組織よりも研究開発パフォーマンスが高いという。

ジェリー・ロール・モートン（1890 〜 1941）
クレオール出身のジャズ・ピアニスト

このようなゲートキーパー効果は研究開発組織に特有のものではないと考えられる。営業活動の場面でも、自分のもつ情報だけでは解決できない問題に直面したとき、身近に幅広い知識や人脈をもった人間（ゲートキーパー）がいてくれたら、自分一人で解決するときと比べて、問題解決の効率がよくなることは容易に想像できる。多国籍企業の現地法人であれば、現地の事情に詳しい駐在員や本社の事情に詳しい現地社員のオピニオン・リーダーがゲートキーパー的な役割を担当することになる。このような人たちをオン・オフで組織化し、彼らの経験と知恵を分ち合うことが出来たら、そこから新しい何かが生まれることは期待できる。いわゆる集団知性の活用になるが、組織の力量（Capability）とシステムを活用することによって、クレオールのような新たな時代の経営に相応しい産婆役を計画的に育成し、活用することも可能なのである。勿論、これらの活動の成敗はリーダーや経営者にかかっている。

| 図表4−5　ゲートキーパーとコミュニケーション形態 |

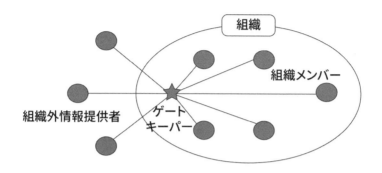

出所：高橋（2000）

　ジャズ100年史を振り返ってみると、「スウィング、ビバ
ップ、クールジャズ、ハードバップ、フリージャズ、ヒュー
ジョンジャズ」など、ジャズ音楽における「思潮」ともいう
べき動きというか、演奏スタイルの節目のような時期区分が
ある。しかし、ジャズ史のなかでこのような区分は、その時
代の支配的な思潮の誕生と消滅を語るものではない。ハード
バップの全盛期にもビバップやクールジャズが頻繁に演奏さ
れるなど、共存してきたのである。つまり、ビジネスにおけ
る関連多角化と同じく、ジャズ・ミュージシャンがインプロ
ヴィゼーション（即興演奏）を通じて表現の可能性を探求し
ながら実験を継続していく過程で、新たな思潮が登場したの
である。また、それが持続的に発展してきたことによって、
ジャズ音楽の境界や外延が拡張されたと考えられる。

初期ジャズの産婆役がクレオールだとすれば、それに引き継ぐ新たな思潮の産婆役はどのような存在だったのだろうか。それはいうまでもなく「ジャズ・ジャイアンツ」と称されている優れたジャズ・ミュージシャンたちである。つまり、クレオールという多くの名もない人たちの集団から、ジャズ・ジャイアンツという個人と、そのミュージシャンを追従する演奏者たちに産婆役が変わったとも言えるだろう。企業組織の中でも関連多角化で成功するためにこのジャズ・ジャイアンツみたいな存在が必要であるとすれば、そういう人たちをどのように見つけて育成し、活用していくかが課題になる。

■ ダイバーシティと創造的摩擦の促進

　ダイバーシティ豊富な環境では、産婆役が介在することで、クリエイティビティやイノベーションが出やすいのは事実であろうが、その分、様々なコンフリクト（葛藤）を誘発しやすいのも事実である。要するに、ダイバーシティというのは「諸刃の剣」なのである。もちろん、コンフリクトが全て悪いわけではない。いわゆる「創造的摩擦（Create the Spark）」というものもある。ジャズ音楽の創成期にも黒人奴隷出身の音楽家とクレオール音楽家の間に多くのコンフリクトがあったはずである。楽譜は読めないがどんな曲でも演奏できる即興バンドと、楽譜の読める洗練されたクレオールバンドの間に演奏をめぐるコンフリクトがなかったとは考えら

れない。両者が敵対するばかりだったらそれで終わったかもしれないが、お互いに刺激を受け、さらなる発展を模索していくなかで、ジャズという新たな音楽が生まれたのではないだろうか。

　では、どうすれば組織の中でこういった創造的な摩擦の促進ができるのだろうか。ここで組織文化的アプローチが必要になるが、情緒的コンフリクト（感情葛藤）を最低限に抑え、次の＜図表4－6＞でみるように、異質的な集団凝集性(group cohesiveness) と組織内外の相互作用を増やすことが鍵になる。集団凝集性とは、「集団が構成員を引きつけ、その集団の一員であり続けるように動機づける度合い」である。集団凝集性が高いほど、組織そのものの拘束力や成果が高い傾向があると言われている。しかし、集団凝集性というのは、ただ高ければいいものではない。集団が外部と隔絶され、批判的な意見を受け入れられなくなり、多様な意見が存在せず、単一化する可能性があるからである。いわゆる「集団浅慮(Group Think)」現象に陥ってしまい、会議などで誰かが異議を申し立てようとしてもなかなかできない雰囲気になる。このような集団浅慮現象に陥りやすい組織の特徴としては、集団の凝集性が高いことや外部から孤立していること、リーダーの価値観に偏りがあること、時間的にプレッシャーがあること、また、意思決定においてちゃんとした手続きの規範がないこと、などが挙げられる。

| 図表4－6　ダイバーシティと創造性 |

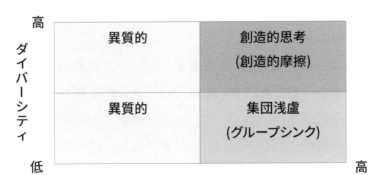

従って、ある組織がこの集団浅慮現象に陥らないように
するためには、こういったことをリーダーに自覚してもらい、
盲目的に組織の一体感だけを強調するのではなく、メンバー
同士の自由闊達な意見交換ができるような雰囲気作りが必要
である。また、新たな知識情報を積極的に組織内に取り入れ
る組織文化を構築していかなければならない。いずれにせよ、
組織の中で創造的摩擦、創造的アウトプットを生み出す源泉
として、効果的なダイバーシティ・マネジメントの問題を考
える場合、ニューオーリンズのクレオールみたいな産婆役と
して、ゲートキーパーのような異質的な集団の仲介役を大事
にすべきであろう。

　実は、こういったダイバーシティの問題は、集団の創造
性に関わる領域を超えて、グローバル経営における異文化マ

ネジメントにつながる大きな課題で、海外ビジネスを考えている企業や多国籍企業において大きな挑戦である。多くの場合、進出先の風土に溶け込むべきか、自分たちのやり方を貫くべきかという両者択一に迫られる場合が多く、それぞれ賛否両論があるのも事実である。これに関連してグローバル・ビジネスを展開する上で注意すべきことは、文化的な要素に優劣はないということである。特に、先進国から開発途上国に進出した多国籍企業の場合、自分たちの仕事のためにも進出先の人たちを啓蒙しないといけないという一種の使命感に燃えるケースもあるが、それが結果的に文化破壊者になってしまう恐れがある。進出先の文化を尊重しないと「反グローバリゼーション」の波に曝される可能性も高い。

マネジメント・フォーカス⑬

★ Talent vs. 組織人

　グローバル的に「War for Talent」が企業人事マンの合言葉になって久しい。「企業は人なり」という表現があるが、どういう人材を確保するかも企業の戦略的選択である。韓国サムスン電子のイ・ゴンヒ会長は「1人の天才が1万人を食べさせる」と言い、世界中から天才的な人材を確保するよう指示したことがある。まさに Talent 重視の考え方である。一方で、日本電産の永守重信社長は「1人の100歩より100人の1歩」という言葉で凡材活用の重要性を語ったことがあるが、Loyalty やチームワーク重視の考え方であるとも言えよう。

　天才的な人ばかり集めても組織は動かないだろうから両方大事にしないといけないという正論より、企業戦略として、どの方向性に重みを置くべきかという話である。それによって、マネジメントの基本スタンスが変わるし、制度や組織風土も変わるからである。

Black Orpheus

Dexter Gordon

原曲は、1959 年の作品である。同じ年に制作された、フランス、ブラジル、イタリアの 3 ヶ国合作映画、『黒いオルフェ』のテーマ曲として使われ、ヒットした。この映画は、ギリシャ神話に登場する「オルフェオとエウリディーチェ」のストーリーを現代的に再解析したもので、エウリディーチェの死によって別れる恋愛物語である。

原曲のタイトルは、「カニバルの朝」で、映画の中では、オルフェという名前の黒人女性が朝に起きて、その日のカニバルで会う予定の恋人を考えながら歌う場面で使われた。英語の歌詞には幾つかの違うヴァージョンがある。ヴォーカルよりは器楽曲にした場合、魅力的なポイントが多いせいなのか、多くのジャズマンがこの曲を取り上げ、優れた演奏を残している。特に、1960 年代に米国で起こったボサノバブームの影響もあって、スタン・ゲッツ、リー・コニツ、ウェイン・ショーター、ゲリー・マリガンなどによる数多くの名演が誕生した経緯がある。

このアルバムでは、デクスター・ゴードンの豪快なテナーサックスとボビー・ハチャソンのヴァイブ・サウンドを楽しむことができる。1923 年生まれのデクスター・ゴードンは、1945 年にニューヨークに進出し、60 年代以降はヨーロッパで活躍する。1986 年にはジャズ映画『ラウンド・ミッドナイト』に主演を務めて、アカデミー賞にノミネートされたこともある。

第5章

永遠のジャズ、永遠の組織

（デューク・エリントンと持続可能経営）

企業の寿命論が常識になっているように、1つの企業が生まれて永遠に成長し続けることは至難の業である。もちろん、ジャズ・ジャイアンツにも寿命はあるが、人間としての寿命ではなく、音楽のことを考えても、生涯に一定の成功を収めながら音楽活動をつづけた人は非常に稀である。バンドやオーケストラを考えるとそういう存在はさらに珍しくなる。

　「音楽には2つの種類がある。良い音楽と悪い音楽だ」。このように、カテゴリーやジャンルで音楽の価値を計る必要がないと言ったのは、デューク・エリントンである。1899年にワシントンD.C.で生まれたデューク・エリントンは、20世紀のアメリカを代表する作曲家であり、ピアニスト、バンド・リーダーでもある。彼が残した作品は3千曲以上で、1万曲に近いという話もある。特筆すべきなのは、彼のバンドに20年以上在籍していた人が14人で、38年（ハリー・カーネイ）、48年間（ジョニー・ホッジス）所属の人もいるということである。離合集散が日常茶飯事であるジャズ・バンドの世界で、どうしてこのようなことができたのだろうか。そこには、デューク・エリントンの卓越した組織管理能力とリーダーシップがあったと考えられる。

■ 経営者としてのデューク・エリントン

　ジャズ・バンドのリーダーを経営者に看做すことは少し無理ではないかと思っていたが、あるジャズ評論家がデュー

ク・エリントンを日本の中小企業の経営者に喩えた文章を読んで驚いたことがある。柴田浩一の2008年の著作だが、以下ではそれをベースにデューク・エリントンの経営者としての顔を覗いてみたい。まず、第一に、デューク・エリントンは、メンバーの個性を大事にした経営者だということである。IBMの「クレド（Credo）[16]」である「人間尊重」につながる話で、柴田の話を引用すると、

> エリントンが社長、ハリー・カーネイがおかみさんと番頭を重ねる。そして腕の良い職人を探してきて仕事をする。職人は人に教えることはしないが自分の職分はきっちりとわきまえている。そして社長の役割は職人たちに「自分はここでは重要なのだ」という意識を植えつける。そのために製品作り（作曲）にアイデアを出させ、それを取り上げることにより自信と満足感を与える。そしてそれはやりがいと忠誠心へとつながる。さらにベテランともなればかなりの自由度があり「自分が会社の看板だ、俺がいなければこのバンドは駄目だ」という意識が強くなる。実は、これがエリントンの狙いで自分のアイデアを強く押し付けずに、あたかもメンバーが考えたようにすり替えてしまう。メンバー自身はこんなに自由な雰囲気で意見も尊重してくれる所はないと思いつつ、結果的にエリントンの思い通りの仕

---

16 企業のコア・バリュー（核心価値）　　のこと。経営原則、信条。

事をしていることになる。それが証拠にメンバーがエリントンの下を離れて演奏をすると、一人では気が付かないが2人以上となるとエリントンの音楽になってしまう。拭いさろうとしても消すことの出来ない強い音楽が心と体に染みついてしまっているのだ。だから不幸なことにエリントンと別れて独立しても、そのエリントン色ゆえに長続きしないことになる。

ビリー・ストレイドホーンによると、デューク・エリントンは、ピアノを弾いたりはするが、真の彼の楽器はバンド全体だったようである。デューク・エリントンは、バンドメンバーの一人一人のために特別に作曲し、楽しく演奏させたという。

しばらくバンドを一緒にやると、その人の器量が聞こえるので、私はそれに合わせて曲を書く。そして、他のメンバーそれぞれのサウンドにも合わせる。一人の人間のサウンドは彼の全人格である。作曲をしようとすると、そのサウンドが聞こえてくるので作曲ができる。何を演奏しようが、作曲をしようが、それが聞こえないとできない。…長い間、弱点のあるミュージシャンのために作曲するのが本当に楽しかった。彼らの長所を引き出せるように作曲をし、彼らを驚かせることができたからだ。

第二に、デューク・エリントンは、明確に宣言したことはないが、いわゆる「終身雇用」を事実上実践した経営者である。柴田によると、デューク・エリントンは、自分のバンドのミュージシャンを解雇することは考えていなかった。彼は、もし、やめて欲しいメンバーがいても、自ら他のところに行った方がいいと悟るまで待ちながら、もう一人を採用した。当事者には無言の圧力のように感じられるかもしれないが、デューク・エリントンからすると、辞めたいと考える人は雰囲気でわかるので、それに対する事前措置として、その人の役割を継承できる他の人をそばに置いてスキルを磨くようにするのが正解だという考えだったようである。

　第三に、デューク・エリントンは、メンバーの「福祉」に気を遣ったいわゆる「ウェルフェアキャピタリズム（Welfare Capitalism）」の体現者でもある。柴田によると、デューク・エリントンは現代企業のボーナス制度や従業員持ち株制度にあたるようなことを自分のバンドに導入した。既存の作品を改めて編曲し、フィーチャリングさせたり、特定の人のために作品を書いたりするというのはボーナス支給に該当するという。作曲するときにアイデアを出した人は共同作曲家としてクレジットに入れることもあったが、これは言わば従業員持ち株制であろう。

　第四に、デューク・エリントンは、マイルス・デイヴィスとは違う意味で、絶えまぬ変化を追求した変革的リーダーシップの持ち主である。デューク・エリントンは多くの音楽

形式や楽器を試したことで有名である。まだジャズ・バンドの楽器編成が定型化されていなかった時代にアコーディオン、タップダンス、洗濯板まで登場するサウンドを作ったことがあるという。物理的に調和させることが不可能だと思われる楽器の配置にも躊躇しなかった。そのおかげで、彼のバンドでは、誰もが勝手に演奏しているように聞こえるが、それが微妙にエロティックで、非常に美しく聞こえる側面があるという。デューク・エリントンは、ジャズ・バンドの頂点に立った後にもそれに安住することはなかった。1939 年には当時のジャズ界では異例であったピアノとベースのデュオを実現させたり、LP の実用化をみて 1950 年には過去の作品に交響楽的なアレンジを施して新たに録音をしたりしたのである。

デューク・エリントン

70歳を超えてからは、ゴスペル、ブルース、ジャズなど
を混合させたヴォーカル中心の音楽を教会で演奏することも
あり、ロックやラティン音楽を自由自在に解釈したことでも
知られている。以上のことだけを考えてみても、デューク・
エリントンは、現代の我々が望んでいる理想的な経営者とし
ての面目を見せてくれたような気がする。

■ 持続可能経営の幸福論

　ユヴァル・ハラリ（2011）は、「農業革命は史上最大の詐
欺劇である」というジャレド・ダイヤモンドの話を借りて、
我々に全然違うフレームを提示してくれた。農業革命のおか
げで人類の使用可能な食料の総量が拡大されたのは確かであ
るが、余分の食料がよりよい食事や余裕時間に繋がったので
はない、という。人口爆発と傲慢なエリートを量産してしま
い、平均的な農民は狩猟採集民より沢山働かないといけなく
なったが、食事の内容はもっと悪くなったというのが、ジャ
レド・ダイヤモンドが提示した農業革命に対する新たなフレ
ームである。ユヴァル・ハラリは、これを小麦の観点でひっ
くり返し、中東の一部地域にしか存在しなかった雑草が人間
を家畜化し、奴隷のように使って全世界に広がったとまでい
う。こういった新たなフレームをベースに、彼はビジネス世
界にも当てはまるような意味深長な指摘をしている。

> 　一つの会社の経済的成功は、従業員の幸福ではなく銀行
> の残高だけで測定される。同じく、一つの種の進化的成功は、
> その種のDNA複写本の数で測定される。お金のない会社が
> 破産することと同じく、DNA複写本がなくなったらその種
> は滅種になる。一つの種が多くのDNA複写本を作れば成功
> であり、その種は繁盛している。このような観点からみる
> と１千個の複写本はいつも１百個より良い。

　こういった話の末に彼は、正常の人であればホモ・サピ
エンスのDNA複写本の個数を増やすために自分の人生を放
棄する人がいるだろうかという質問を投げかけながら、農業
革命は罠であったと指摘する。もしかして現代の多くの企業
もこの農業革命のような罠にかかっているのではないかとい
う大きな問題提起である。実際に競争の激しいビジネス世界
では、「適者生存」という進化論的な観点が根強く生きている。
ユヴァル・ハラリは、こういった進化論的な観点は、残念な
がら成功の尺度としては不完全であることを痛く知らせてく
れる。家畜になった鳥や牛は、DNA複写体が増えたことでお
そらく進化論的な成功事例であるが、歴史上一番悲惨な運命
の動物であることと同じく、進化論の思考方式は、種の生存
と繁殖という基準だけであって、個体の苦痛や幸福には関心
がないということである。
　現在、企業という種は成長し続けているのに、その種を
構成している従業員の幸福は、どうなっているのだろうか。

企業は株主のものであって、従業員のものではないという反論もありそうだが、はたして日本の場合、株式会社という欧米からの会社制度が入ってくる前の時代には、営利を追求する組織は存在しなかったのだろうか。効率や利便性の側面で欧米からの会社制度を利用するだけだというフレームからすると、企業は必ずしも株主のものとは言えないという認識も可能であろう。

　そもそも持続可能経営の話は、「大量生産→大量消費→大量廃棄」という流れで、必然的に発生した環境破壊、つまり、有限な資源の浪費、廃棄物処理などの問題でこれまでのビジネス・スタイルが通じなくなったということから出たものである。いわゆる「地球環境保全型の経済発展」を目指しているわけだが、デューク・エリントン型の経営方式は、ユヴァル・ハラリのいうような進化論の罠から抜け出して、会社と個人が共に、持続的に発展していく一つの方法になるかもしれない。

　デューク・エリントンは、メンバー個人の個性を尊重し、それをビジネス（音楽）に活かせた。リストラなども意図的にはやってなかったし、アウトプットの見返りはそれに参加したメンバーと分かち合った。メンバーの数がある程度決まっているオーケストラと違って企業は限りなく成長するものだから違うという話が聞こえるようだが、それは、農業革命の人口爆発（従業員数）やエリート（桁違いの給料をもらっている会社貴族）の量産とあまり変わらないのではないだろ

うか。デューク・エリントン・オーケストラは、その規模が限りなく大きくなったわけではないのだが、今も彼らの音楽が多くの人々に愛されていることは、進化論とは違う成功話になるのではないだろうか。

■ 永遠の組織、組織文化

　組織の中の個人は、誰でもいずれは組織を去っていく。しかし、組織はそれ以降も生き残る可能性は高い。何らかの方法で会社の成長と従業員の幸福という2匹のウサギを捕えたとしても、それが継続的に通用する保証はない。環境の変化、リーダーやメンバーの交代による違う価値観の形成などによって、新しいフレームやパラダイムが登場する可能性が高い。しかし、その可能性は簡単な話ではない。既存のやり方が一つの文化として組織内に定着した場合、誰もが望ましいと思う新たなやり方が登場しても、実際にそれを採択することになるまでは、新たなリーダーシップを必要としており、相当のコンフリクトを解決していかなければならない。

　組織文化論の巨匠であるシャイン（Schein、1999）は、リーダーが変革を成し遂げるための原則を提示した。それは、「生き残りの不安」と「学習することへの不安」をベースにした変化への動因（駆動力）を維持することである。シャインによると、何かを変えるということは、何か新しいことを学ぶことだけではなく、すでにそこに存在していて、おそらく

障害となりそうなものを学習放棄するということでもある。どのような変化でも何らかの現状否認から始まる。現状否認すべきだと示すデータを否定することもできず、それから身を守ることもできなければ、生き残りの不安、あるいは罪悪感を持つことになる。また、変化の必要性を認識し、古い慣習と考え方の一部を放棄し、新しい慣習と考え方を学習しなければならないことに気づく。このようなことから次のような組織変革のための2つの原則が引き出されるという。

> 第一に、生き残りの不安あるいは罪悪感が、学習することへの不安よりも大きくしなければならない。
> 第二に、生き残りの不安を増大させるよりはむしろ学習することへの不安を減らさなければならない。

　一見して単純な原則のように考えられるが、これこそ変化への駆動力と言えるものであり、まさに組織文化のコントロールはここから始まるとも言えるだろう。様々なコミュニケーション手段を使って、組織全体に優れた「戦略的意図（Strategic Intent）」を伝播し、生き残るためには何とかしないといけないという「危機意識」の拡散に成功したとしても、組織構成員各自の学習することへの不安が大きいと、なかなか実践までいかないのである。
　ハメルとプラハラード（Hamel & Prahalad、1989）は、戦略的意図が、言葉だけの単なる果てしない野望に終わらな

いためには、具体的な経営プロセスを組み込んだものが必要であるという。その一つに、環境の変化に応じて新たな業務上の定義づけを行い戦略的意図への熱意を持続させることを挙げている。これは、生き残りへの不安を感じさせ、また、学習することへの不安を減らすことにつながるものである。問題は、常に変化する内外の経営環境のため、その感覚を一貫して持たせるのが難しいことである。多くの場合、環境が変化しても旧来通りのやりかたにこだわり、これくらいでいいのではないかと安住してしまう。また、経営資源の配分の手引きとして戦略的意図を常に活用することも大事であるが、これも、キャッチコピーや口頭では簡単に言えるものだが、実際に守ることは至難の業である。特にお金や人の使い方については、組織内で様々な利害、力学関係の絡みで、戦略的意図とおりに使われない可能性が非常に高いのが現実である。

　こういったことからも、デューク・エリントンが生涯変身し続けながら、成功的に組織を引っ張って行ったということは、優れた経営行動であり、素晴らしいリーダーシップの実践事例ではないだろうか。

It don't mean a thing
(if it ain't got that swing)

Marty Paich

　デューク・エリントン作曲の1932年作品である。スウィング・ブームが起こる直前に発表された曲で、アーヴィング・ミルズが歌詞を付けてから大ヒットした。まさに、スウィング時代を代表する曲になったのである。

　日本では、ジャズ音楽好きの村上春樹氏がこの曲にちなんで『意味がなければスイングがない』という本格的な音楽エッセイ集を書いたことでも有名な曲である。ヴォーカルの場合、単純な歌詞についているスキャット部分が印象的で、早いスピードで演奏されるケースが多い。

　ピアニスト、作・編曲家、プロデューサー、音楽監督、指揮者などを務めた、多才多能なマーティ・ペイチのこのアルバムは、ジャズファンの間でいわゆる「ジャケ買い」の対象になったこともある。シャワーを浴びている美人女性の写真が載っているからだ。

　筆者は、音楽を主にBGMとして楽しんでいるので、ビック・バンド音楽や交響曲など、大きい音量で聴きたくなる大編成の曲はあまり好きではない。しかし、トランペットのアート・ペッパーなど、ウェストコーストジャズの名手たちが参加したマーティ・ペイチのこのアルバムは、ビック・バンドにしてはそんなにうるさくない、聴きやすい演奏になっているので有り難い。

おわりに

　光陰矢のごとし。本当に時間の流れは速いものである。ビジネスの世界から身を引いてから、大学教員として経営組織論や人的資源管理論を教えるようになったのも、すでに6年が過ぎてしまった。時間の流れは年齢に比例して早くなるという話があるが、筆者も50代になってからつくづく実感している。いくら平均寿命が延びているとは言え、若い時に体の調子何かは気にもせずお酒三昧の無茶な生き方をしてきた筆者としては、今まで生きてきた年月よりこれからの人生が短くなることは自明のようである。実は、こういう感覚は、筆者にとって目新しいものではない。もう10年前のことだが、東京駐在の時、家族がみんな一時帰国していた年末年始連休に、「椎間板ヘルニア」で十日間くらい、一人で何もできず、家の中をゴロゴロしながら痛切に感じたことがある。一体自分は何のために生きているのだろうかと真剣に考えるようになったのもその時期からである。家族の生活費を出すためのATM機以外の役割を私はやったことがあるのだろうかと。残りの人生はそれまでとは違う生き方をしようと決心して以来あれこれ10年以上が経ったが、本当に多くのことが変わった。

「会社人間」から逃げ出して大学教員になったのもその結果の一つであるが、特に変わったのが趣味生活である。自分の好きなことに時間とお金を入れるようになったのである。その結果得られた満足感というか、毎日の生活の充実感のおかげで、残りの短い人生が惜しいなと思うようにもなった。

　誰にも人生の転換期はある。筆者のような未熟な人間は、大きな病気など、何らかのきっかけがないと、せっかく訪れたチャンスを逃してしまいがちなので、今になっては椎間板ヘルニアに感謝したい気持ちさえある。

　ビジネス世界でも同じようなことが繰り返し起こっている。何らかのきっかけでそれまでのビジネス・スタイルを再検討する時間を持ち、「新たな視覚」で対応策や再編を考え、実施していくということである。問題は、この「新たな視覚」のことだが、慣れている状況のなかではなかなか難しい話である。多くの企業で従業員を対象に「創意力訓練」みたいなものが実施されているのが現実であるが、その成果は未知数である。こういったことを考えているうちに、ふいと「趣味の世界と仕事の世界は本当に違うのだろうか」という疑問が浮かび上がった。はたして仕事はいつもつらいものであって、趣味はいつも楽しいものなのだろうか。仕事を楽しむという考え方はちょっと変かな、などなど考えるうちに趣味の世界とビジネスの世界を比較してみ

るようになり、自分が楽しんでいるジャズ音楽にも、仕事としての経営に参考になりそうなポイントが沢山あることに気づいたのである。それで生まれたのがこの本であることはいうまでもない。

　もちろん、このような試みは多くの批判にさらされる可能性がある。特に怖いのが、「牽強付会（けんきょうふかい）」で、自分の都合にいいように無理に理屈をこじつけているのではないかということである。そういった認識の読者には言い訳になるだろうが、企業の中で見られる多くのクリエイティビティは、こういった一見無茶な試みから生まれるケースが多いことを覚えておいてほしい。何でもやってみないと何も始まらない。とりあえず、自分の好きな趣味の世界からその手がかりを探してみることも悪くはないだろう。

　実は、この本は、今回初めて出版されたものではない。筆者のゼミ生のテキストとして使いたいという気持ちが先を走ってしまい、時間に追われていたので、出版社との話がうまくいかず、オンデマンドの本製作サービスを利用したことがある。2018 年の夏に『ジャズの経営学』というタイトルで、アマゾンでの販売限定で出した本がそれである。ただし、それは自家編集であったため、誤字脱字も多く、早く修正版を出したかったので、今回、博英社からの再出版は大変ありがたい。せっかくのチャンスなので、タイトルも、体制や内容にも修正を入れてみた。ということで、本当は「第二版」と

表記すべきだが、一般の書店販売向けの最初版として了解してもらいたい。

　最後に、韓国で一般に広く知られている「詩」のなかに、金春洙氏の「花」の一部分を引用しながら終わりにしたい。まさに、この本を書き始めた頃の筆者の心境そっくりである。

　　私がその名を
　　呼んであげる前には
　　それは
　　ただひとつの身振りにすぎなかった
　　私がその名を
　　呼んであげたとき
　　それは
　　私に来て花になった…

　　　　　　　　　　　　　　2020 年 5 月吉日　李炳夏

参考文献

木全信（2014）『ジャズは気楽な旋律』平凡社

後藤雅洋（2010）『ジャズ耳の鍛え方』NTT 出版

柴田浩一（2008）『デューク・エリントン』愛育社

手塚プロダクション・中野晴幸　監修・編（2003）『ブラック・ジャック語録』秋田書店

電通美術回路（2019）『アート・イン・ビジネス ─ ビジネスに効くアートの力』有斐閣

悠雅彦（1998）『ジャズ』音楽之友社

油井正一（2009）『ジャズの歴史物語』アルテスパブリッシング

丸山繁雄（2006）『ジャズマンとその時代』弘文堂

山岸淳子（2013）『ドラッカーとオーケストラの組織論』PHP 研究所

Alan Goldsher（2002）Hard Bop Academy（日本語訳、2009）

Alex Pentland（2014）Social Physics Penguin Press（日本語訳、2015）

Andrew J. Razeghi（2007）the riddle John Wiley & Son Inc.

David Perry (1996) Jazz Greats　Phaidon Press Limited（日本語訳、2000）

David. W. Stowe（1994）Swing Changes　Harvard Univ. Press（日本語訳、1999）

Edgar H. Schein (1999) The Corporate Culture Survival Guide Jossey-Bass（日本語訳、2004）

Gary Giddins and Scott DeVeaux（2009）Jazz　W.W.Norton & Company. Inc

Gary Hamel and C.K.Parahalad (1989) "Strategic Intent" Harvard Business Review, may-june

Henry Mintzberg（1994）The rise and fall of Strategic Planning　The Free Press（日本語訳、1997）

Henry Mintzberg, Bruce Ahlstrand & Joseph Lampel (2009) Strategy Safari：The Complete Guide Through The Wilds Of Strategic Management 2nd Ed Pearson Education（日本語訳、2013）

Joachim-Ernst Berendt（1989）Das Jazzbuch　Fissher Verlag GmbH, Frankfurt am Main（韓国語訳、2004）

John F. Szwed（2000）Jazz 101　Hyperion（日本語訳、2004）

Kent Biugstad Comcast Spotlight, E. Thach, K. Thompson and A. Morris (2006) "A Fresh Look at Followership:

A model for Matching Followership and Leadership Styles", Institute of Behavioral and Applied Management

Kevin Ashton（2015）How to fly a horse, Doubleday, The Business Books (韓国語訳、2015)

Richard L. Daft, Jonathan Murphy & Hugh Willmott (2017) Organization Theory & Design, An International Perspective 3rd Ed, Cengage Learning EMEA

Robert A. Pitts, David Lei (2000) Strategic Management – Building and Sustaining Competitive Advantage 2nd Ed, South-Western Pub

Ronald Tobias（2003）20 Master Plots: And How to Build Them　Writer's Digest Books

Stephen P. Robbins, Timothy A. Judge（2018）Essentials of Organizational Behavior 14th Ed, Pearson Education

Yubal Noah Harari（2011）SAPIENS（韓国語訳、2015）キムヨン社

イジョンウ『概念ールーツ（韓国語)』、グリーンビー出版社、2012 年

カンウラン（2017）『グッドスピードの条件（韓国語)』サムスン経済研究所

キムウォンソ、リビョンハ & ホアンレクック（2011）「日本 B2B 強中企業の成功戦略と組織文化（韓国語)」サムスン経済研究所

ショーナ・ブラウン、キャサリン・アイゼンハート（1999）『変化に勝つ経営』トッパン

スチュアート・クレイナー（2000）『マネジメントの世紀』東洋経済新報社

チョンゴンテク他（2015）『人材経営をみる二つの視線（韓国語)』サムスン経済研究所

著者紹介

李炳夏（リビョンハ）

昭和37年韓国生まれ。阪南大学経営情報学部教授。経済学博士（東京大学）。
元、サムスン電子・日本サムスン・サムスン経済研究所　常務。人間と組織の
問題を生涯の研究テーマにしており、音楽と芋焼酎を限りなく愛する夢想家。

Jazz for Management :

ジャズから学ぶクリエイティブ・マネジメントの鍵

初版発行 2020 年 10 月 1 日

著　者　李 炳夏

発 行 人　中嶋 啓太

発 行 所　博英社
　　　　　〒 370-0006 群馬県 高崎市 問屋 4-5-9 SKYMAX-WEST
　　　　　TEL 027-381-8453（営業、企画）/FAX 027-381-8457
　　　　　E-MAIL hakueisha@hakueishabook.com
　　　　　＊営業、企画に関するお問い合わせ

ISBN　　978-4-910132-06-8

定　価　　本体 1,800 円 + 税